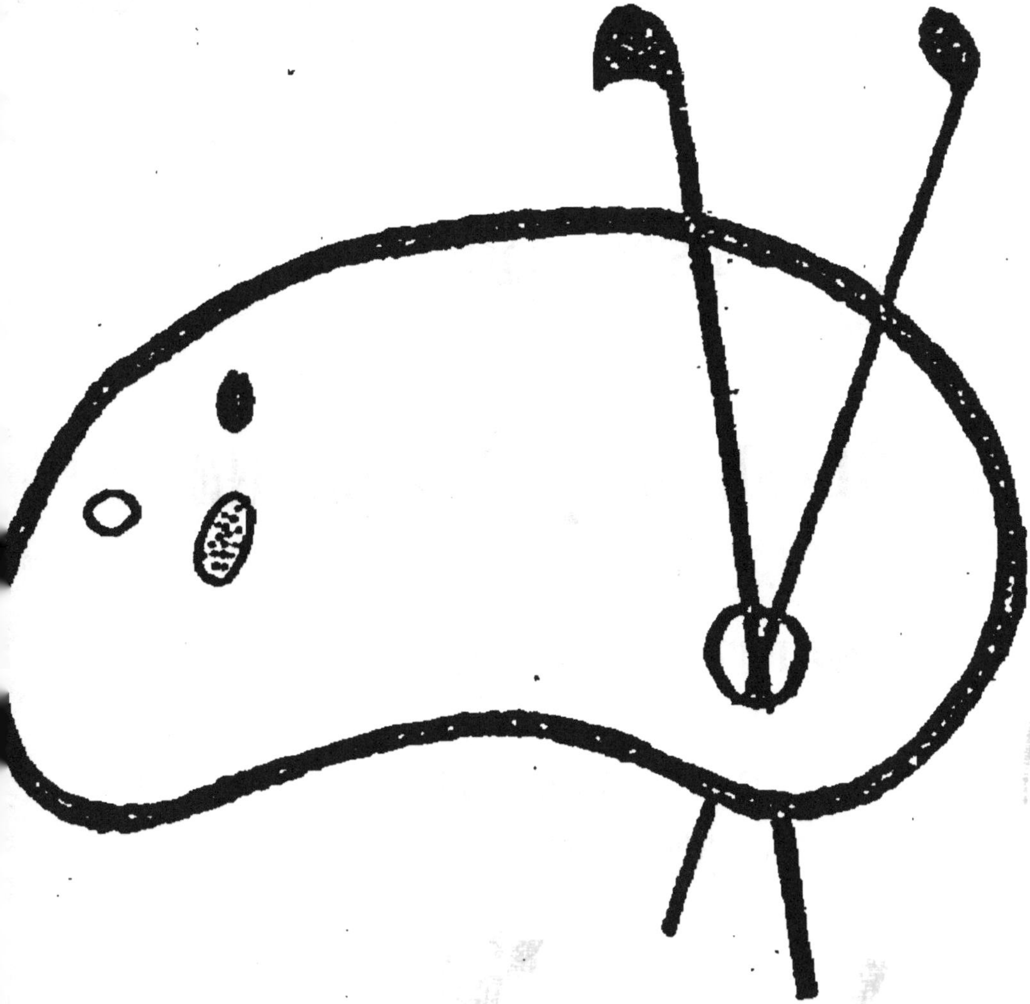

COUVERTURE SUPERIEURE ET INFERIEURE EN COULEUR

NOTICE

HISTORIQUE

SUR

L'ÉGLISE ET LE VILLAGE

DE

SAINT-APOLLINAIRE

Par F. LACOSTE

CURÉ DE BROCHON

DIJON

IMPRIMERIE JOBARD

1896

NOTICE HISTORIQUE

sur

L'ÉGLISE ET LE VILLAGE

DE SAINT-APOLLINAIRE

LE MESSAGER FRANC REMET L'ANNEAU DES FIANÇAILLES
A CLOTILDE.

NOTICE

HISTORIQUE

SUR

L'ÉGLISE ET LE VILLAGE

DE

SAINT-APOLLINAIRE

Par F. LACOSTE

CURÉ DE BROCHON

DIJON

IMPRIMERIE JOBARD

—

1896

APPROBATION

ÉVÊCHÉ
de
DIJON

Dijon, le 22 février 1896.

Cher Monsieur le Curé,

En cette année où la France s'apprête à célébrer le quatorzième centenaire de son baptême, tout ce qui nous rappelle Clovis et son époque nous offre un attrait inaccoutumé. Il m'est donc particulièrement agréable de voir un de nos prêtres diriger de ce côté ses recherches, et s'efforcer de mettre en lumière un point d'histoire, obscur jusqu'ici, qui intéresse à la fois et la Bourgogne et le pays tout entier.

Vous revendiquez pour un humble village, situé à deux pas de notre ville épiscopale, un bien grand honneur. Sur la foi de documents anciens vous ne craignez pas de vous prononcer hardiment, et vous affirmez que l'église de Saint-Apollinaire fut érigée par sainte Clotilde, afin de perpétuer la mémoire d'un des principaux faits d'armes de son royal époux : sa victoire contre Gondebaud, remportée en ce lieu et non pas dans la vallée de l'Ouche (1), comme on incline à le croire assez généralement.

Vos assertions obtiendront-elles l'adhésion de tous les lecteurs ? Je l'ignore. Vous-même, du reste, vous ne vous flattez pas d'épuiser le débat ; il vous suffit de poser la

---

(1) Entre Velars et Fleurey.

question devant le public lettré, d'attirer sur ce point l'attention des érudits, et de provoquer sur votre *Notice historique* la discussion d'où jaillit la vérité.

Je ne puis qu'applaudir à ce dessein, et vous féliciter de savoir charmer les belles années que la Providence vous départit d'une main libérale, par des travaux utiles tout ensemble à l'Église et à la Patrie.

Aussi je vous accorde très volontiers l'approbation que vous avez sollicitée, et je profite de cette circonstance, Cher Monsieur le Curé, pour vous renouveler l'assurance de ma respectueuse affection.

☩ F.-HENRI, *év. de Dijon.*

AVANT-PROPOS

La Notice historique sur Saint-Apollinaire-les-Dijon établit, dans sa première partie, que l'église de ce village a pour objet de perpétuer la mémoire d'une insigne victoire du grand Clovis, sa victoire contre Gondebaud ; c'est sainte Clotilde, la première reine catholique des Francs, qui a fondé cette église en l'enrichissant de dons royaux. Tous les biens lui sont donc venus par cette grande reine, et nous sommes suffisamment autorisé à mettre l'écrit qui les publie sous son glorieux patronage.

Le vieux chroniqueur bourguignon du septième siècle, Frédégaire, nous a livré le secret de la popularité et des vertus de la princesse burgonde, en publiant le récit de ses fiançailles avec Clovis (1).

---

(1) Récit reproduit par Duruy, *Hist. populaire de France*, tom. I, p. 54, et en substance, par Rohrbacher, *Hist. univers.*, tom. VIII, p. 458.

Le roi franc avait fait pénétrer jusqu'à elle un de ses fidèles, porteur de son anneau royal. L'entrevue eut lieu après l'office divin, au portail de la chapelle de Clotilde, pendant qu'elle distribuait ses aumônes, et le messager franc, déguisé en pauvre, lui remit l'anneau des promesses de la part de son roi : la sévère réclusion que l'ambitieux Gondebaud pratiquait vis-à-vis de sa sainte nièce exigeait toutes ces précautions. — C'est le sujet de la gravure qui figure en tête de ce petit volume.

Sainte Clotilde, recevez l'hommage de ce modeste travail, et envoyez du ciel une bénédiction à son auteur, ainsi qu'au noble pays qui fut le vôtre sur cette terre.

PRÉFACE

La grande collection des *Acta Sanctorum*, dont le premier volume parut en 1643, a été justement comparée au filet de la pêche miraculeuse (1), qui prend toutes sortes de poissons.

On y trouve, en effet, à côté de documents authentiques, des légendes vraies ou douteuses, accompagnées d'une discussion éclairée. On y recueille également de nombreux traits fort utiles à la chronologie et à la géographie; des faits historiques importants demeurés inconnus, ou ensevelis dans l'oubli. C'est assez dire que les histoires civiles et locales peuvent, aussi bien que les histoires ecclésiastiques et hagiographiques, tirer profit des travaux gigantesques de la célèbre compagnie de Jésus, publiés, jusqu'à ce jour, sous le titre d'*Actes des Saints*.

Nous avons eu occasion de constater la justesse de ces réflexions en lisant, récemment, la vie du bienheureux martyr saint Apollinaire.

(1) Evang. selon S¹ Matt., XIII.

Le père J. Pinius (1), qui a collationné les actes du saint martyr de Ravenne, s'est appliqué, au chapitre Ier des *Analecta*, à montrer l'universalité du culte rendu au saint; ce qui l'a amené à parler de l'église et du village de Saint-Apollinaire, près de Dijon, et des faits merveilleux qui s'y rattachent.

L'église est d'origine royale; les faits merveilleux qui la recommandent sont des miracles nombreux dont la relation nous est faite par un moine dijonnais du onzième siècle, et le moyen de nous transmettre cette relation intéressante nous est indiqué par le père Pinius dans le texte suivant :

« La copie authentique d'où nous tirons les miracles accomplis par l'invocation de saint Apollinaire, auprès de Dijon, nous a été envoyée par notre père Pierre-François Chifflet; et celui-ci l'avait extraite de plusieurs manuscrits venus de diverses abbayes bénédictines et cisterciennes. »

C'est donc une copie authentique de manus-

---

(1) Né à Gand en 1678.

crit que nous trouvons aux *Analecta* qui suivent la vie du martyr saint Apollinaire, et cette copie renferme deux chapitres remplis du plus vif intérêt pour notre Bourgogne. Ils sont pourvus chacun de notes critiques, et précédés d'observations préliminaires qui ont pour but de tenir le lecteur en éveil sur les points obscurs, contestables ou difficiles. C'est la louable façon d'agir de Bollandus et de ses disciples. Elle justifie ainsi leur réputation de chercheurs intègres autant qu'infatigables, et nous mettrons à profit leur sage méthode pour arriver à la lumière par nos réponses à leurs propres objections.

Mais ce qui rend le récit contenu dans ce manuscrit plus précieux pour nous, c'est la double affirmation suivante qui en résulte :

1° « Le champ de bataille de Clovis contre Gondebaud est au pied de Saint-Apollinaire, sous les murs de Dijon et sur les bords de l'Ouche.

2° « Clotilde a fait construire l'église de Saint-Apollinaire en mémoire de la victoire de Clovis. »

Tel est le fond du modeste travail que nous offrons aujourd'hui aux amis des antiquités bourguignonnes ; et nous le divisons en deux parties :

La première a pour objet la publication du manuscrit bénédictin, sa concordance avec le récit de Grégoire de Tours, et la justification de la double affirmation qui s'en déduit relativement au fait d'armes de Clovis auprès du Castrum de Dijon, « *ad Castrum... super Oscaram fluvium.* »

Dans la seconde partie nous chercherons les rapports du prieuré-cure et du village de Saint-Apollinaire, avec les autorités sous la juridiction desquelles ils ont vécu, en donnant fidèlement les faits, titres, renseignements que les Archives départementales et les traditions locales pourront nous fournir.

Heureux si nous parvenons à attirer un seul instant l'attention de plus habiles sur ces points intéressants de notre histoire régionale, restés obscurs jusqu'ici, pour en faire jaillir quelque lumière à la gloire de notre noble pays.

NOTICE HISTORIQUE

sur

L'ÉGLISE ET LE VILLAGE

de

SAINT - APOLLINAIRE

PREMIÈRE PARTIE

CHAPITRE Ier

Le manuscrit du onzième siècle : C'est un moine de l'abbaye Saint-Bénigne de Dijon qui parle. Il a recueilli, sur de vieux manuscrits, par ordre de son Abbé, les faits qu'il publie. Son récit est accompagné de celui de plusieurs miracles dus à la protection de saint Apollinaire.

« Livre des miracles de saint Apollinaire, évêque et martyr de Ravenne, accomplis près de Dijon, écrits par un moine de Saint-Bénigne environ cinq cents ans plus tôt, tirés des quatre manuscrits suivants : celui de Sainte-Marie-d'Ascey ; celui du Val-du-Bouchet ou Vauluisant (1); celui de Sainte-Marie-du-Mont, et celui de Troyes. »

Telle est l'inscription écrite de la main du père Chifflet en tête de sa copie; et voici maintenant la copie elle-même, ou plutôt son fidèle abrégé (2) :

« S'il est impossible, à cause de leur multitude, de raconter tous les prodiges qu'il a plu à Dieu d'opérer par le mérite de ses saints, au moins faut-il en rapporter quelques-uns... pour que les fidèles soient amenés à solliciter plus vivement leurs bienfaisants suffrages...

» Or on sait, par tout le monde, qu'en beaucoup de provinces de la chrétienté on a élevé des oratoires, devenus célèbres, sous le vocable de l'illustre pontife et martyr saint Apollinaire... ce grand saint qui fut fait évêque par le prince des apôtres, le bienheureux

---

(1) *Vallis lucencis*, ou *lucida*; abbaye de l'ordre de Cîteaux, près de Vic-le-Comté, au diocèse de Clermont, fondée par Robert, comte d'Auvergne. — *Dict. des abb. et monast.*

(2) Boll., tom. V, *Julii ad diem* 23, p. 353. *Analecta*, cap. I. — Analyse des n°ˢ 1, 2, 3, etc.

Pierre, comme l'attestent les actes de sa glorieuse passion, et destiné à l'église de Ravenne, la plus riche des villes métropolitaines de l'Italie.

» On sait aussi que ce grand saint, en prêchant la parole de vie dans cette fameuse ville, y a converti des multitudes et les a régénérées dans les eaux du baptême, après leur avoir fait connaître le Christ Sauveur.

» On sait enfin qu'après son glorieux combat dans la même ville, il a mérité, en terminant son pèlerinage terrestre, d'être admis dans cette patrie des élus où la gloire et la joie sont sans fin; et qu'il est honoré dignement, selon qu'il convient, dans la cité qui garde son tombeau.

» Mais nous l'avons déjà remarqué, de nombreuses basiliques ont été érigées, à diverses époques, en l'honneur de saint Apollinaire, jusque dans les contrées éloignées, en action de grâces de bienfaits insignes obtenus par son entremise; et dans le pays de Bourgogne, au bourg de Dijon, à la distance d'environ deux milles du Castrum, on voit une église consacrée sous le vocable de ce saint martyr (1).

» Elle occupe un terrain désigné sous le nom d'*Aquilliaco* (2), au sommet d'une colline qui est à l'orient du même Castrum; car *la tradition des anciens* porte que cette église a été primitivement construite par l'épouse de Clovis, la très chrétienne Clotilde, en mémoire de

---

(1) La grande vie et les prodiges du premier évêque de Ravenne, le fervent disciple du prince des apôtres, avaient popularisé son nom dans toute l'Italie et dans les Gaules.

Au troisième siècle on trouve un saint Apollinaire, martyr, près de Reims, où il avait son église, dans laquelle saint Remi, deux siècles plus tard, demandait à être inhumé par un codicille de son testament. (Voir la vie de saint Remi.)

Au temps de sainte Clotilde, on trouve un évêque de Valence, dans le Dauphiné, porteur aussi du nom d'Apollinaire, et honoré comme saint au martyrologe romain (V° jour d'octob.) Il assista devant Gondebaud, en 499, avec son frère, saint Avite, évêque de Vienne, à la conférence tenue à Lyon pour le retour des Ariens à la foi catholique.—Le nom du saint évêque et martyr de Ravenne était donc bien connu et bien porté dans les Gaules, quand sainte Clotilde mit sa royale basilique sous son vocable.

(2) *In fundo cognomento Aquiliaco*. — En cherchant l'étymologie de ce mot on trouve : *Aquæ loco*; et l'état actuel de l'église n'y contredit pas, puisqu'on y trouve un puits profond dont les eaux sont signalées par Courtépée, tom. II, p. 239, pour leurs propriétés médicinales.

la victoire remportée *en ce lieu* par son époux contre ses ennemis (1). De plus, des reliques authentiques du bienheureux martyr ont été envoyées de Ravenne, à la demande de la pieuse reine, et placées dans cette église. Celle-ci, d'ailleurs, enrichie par les *libéralités royales* (2), puis par les largesses des évêques de Langres, a été donnée au *monastère de Dijon*, érigé très anciennement en l'honneur de Notre-Seigneur Jésus-Christ, de Marie, sa sainte Immaculée Mère, et du martyr saint Bénigne, le premier apôtre de cette partie de la Bourgogne (3).

(1) Fertur namque virorum antiquorum relatione, eadem ecclesia ob victoriam de suis inimicis regi Clodoveo, in eodem loco olim concessam, ab ejus conjuge christianissima Chrotechilde videlicet regina, *primitus* inibi fuisse constructa.

Insuper quoque ejusdem reginæ industria, ab urbe Ravenna præfati martyris reliquiarum delata pignora, atque in eadem basilica sunt collocata. Quæ nimirum ecclesia, tam ex *regia liberalitate* quam etiam Langonicæ sedis pontificum largitione, data est monasterio divionensi quod ædificatum antiquitus fuisse constat in honore Salvatoris nostri Jesu Christi, ejusdemque intemeratæ genitricis Mariæ, ac præcellentissimi ejusdem regionis primi propagatoris divini Verbi martyris Benigni. — Boll., tom. V, *Julii*, page 353.

(2) Le sens naturel indique qu'il s'agit ici des libéralités royales de la fondatrice, c'est-à-dire de sainte Clotilde.

(3) Nous trouverons plus loin (chap. VI) une charte de

» Ajoutons que les miracles accomplis en cette église par la toute-puissance de Dieu, sous l'invocation du grand martyr saint Apollinaire, sont si nombreux qu'il faudrait un volume immense pour contenir ceux qu'on pourrait recueillir de partout... Mais puisque ce travail est devenu impossible, une partie de ces faits miraculeux étant tombés dans l'oubli, et une autre ayant été négligée par la coupable inertie d'un peuple indifférent, nous allons, avec l'aide de Dieu, essayer d'en insérer ici quelques fragments, de composition et de style divers (1).

Charles le Chauve, de l'an 869, qui parle d'une chapelle, *d'une manse et demie*, donnée par ce monarque au monastère Saint-Bénigne de Dijon, et nous établirons qu'elle est distincte du monument de sainte Clotilde. Une discussion sur ce fait particulier romprait ici, inutilement, le récit du moine anonyme.

(1) In qua videlicet ecclesia omnipotente Domino meritis pii suffragatoris Apollinaris, proculdubio martyris sui, largiente, tam multiplicia exuberant beneficiorum miracula, ut si undecumque colligi valerent, permaximi corporis volumen extollerent.

Sed quoniam id fieri minime contigit, partim oblivione delente, quædam vero plebeia inertia negligente posthabita ; perpauca licet de pluribus qualicumque stylo inserere in libellum tentabimus, Domino miserante. — (Boll., *ibidem*.)

» Comme donc le bruit des miracles presque quotidiens qui s'accomplissaient dans l'église Saint-Apollinaire croissait de jour en jour, et que la renommée aux ailes rapides en propageait la connaissance au loin, provoquant la piété des fidèles, il arriva qu'il plut au Dieu tout-puissant de manifester davantage la gloire de son saint nom, et l'honneur du saint martyr, en publiant le récit de ces grands prodiges.

» Car des hommes prudents, prévoyant que les plus riches et les plus fidèles mémoires seraient incapables de transmettre à la postérité le récit de tant de merveilles qui, pourtant, ne devaient pas tomber dans l'oubli, suggérèrent à l'Abbé du monastère de saint Bénigne de Dijon, la pensée de les recueillir par lui-même, ou par l'un de ses moines.

» Il hésita longtemps, parce qu'il était fort doux et parfaitement humble, *vir erat mansuetus ac sincerissimæ reverentiæ*; puis, enfin, il se décida à l'entreprendre, sur les supplications et les pressantes instances, *obsecrantibus, immo, compellentibus*, de quelques frères venus de Ravenue au monastère, pour y traiter des questions de discipline régulière, à cause de la grande ferveur de ses religieux (1).

» Quand le père Abbé eut accédé aux instantes demandes qu'on lui faisait, de toutes parts, d'un travail que son humilité l'empêchait d'écrire lui-même, il choisit l'un des siens (2) pour le faire, en lui traçant la marche

---

(1) Ces dernières paroles indiquent l'époque de la réforme salutaire opérée à Dijon, avec tant d'éclat, par le vénérable Guillaume au commencement du onzième siècle.

La Chronique de Fécamp et celle de Saint-Bénigne, citent, en effet, plusieurs évêques et abbés qui inclinèrent leur dignité devant l'auréole de sainteté de l'abbé Guillaume, en entrant comme simples moines dans l'abbaye dijonnaise. L'un des derniers fut un abbé Jean, de Saint-Apollinaire de Ravenne, probablement celui-là même qui avait envoyé les moines italiens traiter ces questions de discipline régulière dont parle notre anonyme.

(2) Il choisit l'un des siens.

L'humilité du disciple est à l'image de celle de son saint maître, car elle nous impose un long travail, si nous voulons savoir son nom, pour n'arriver qu'à des probabilités plus ou moins fondées. Voici le résultat de nos recherches :

La Chronique de Saint-Bénigne, à la page 162, dit que l'abbé Guillaume utilisa, pour enrichir la bibliothèque du monastère, le talent de calligraphe d'un de ses moines, appelé Girbert, qui paraît avoir dirigé, sous le titre de *scriptor*, les travaux de copistes auxquels se livraient alors les religieux : « *Fuit autem Girbertus ex primis quos nutrivit*

à suivre. Celui-ci, en recevant l'ordre du supérieur, se mit en mesure d'y obtempérer, comme il convenait, en parcourant promptement *cinq ou six fragments* pour commencer son récit (1). Mais il n'en était qu'au début, quand il fut pris d'une fatigue d'esprit si étrange qu'elle lui fit perdre subitement tout espoir de mener à bonne fin son entreprise, se croyant plus impropre que tout autre à bien dire les grandes choses qu'il fallait publier.

» Or on était arrivé à la VI° férie des fêtes

Domnus Abbas Wuillelmus, et ab officio scriptor appellatus. »

Et M. Bernard Prost, dans son *Trésor de l'abbaye Saint-Bénigne*, publié récemment, au tome X des *Mémoires de la Société bourguignonne de géographie et d'histoire*, p. 300, après avoir donné le texte de la Chronique, ajoute en note : « Ce Girbertus *scriptor* est aussi mentionné à l'obituaire A, à la date du 17 des cal. de janvier; et, selon toute apparence, c'est aussi le même qui a écrit les deux chartes de 1020 et 1021, publiées par Perard, à la page 176.

Mais ce Girbert qui reçoit de l'abbé Guillaume la charge considérable de diriger les travaux des copistes dijonnais, et qui nous apparaît comme un des enfants privilégiés de ce saint Abbé : *fuit... ex primis quos nutrivit*, pourrait bien être notre modeste anonyme, puisque son travail demandait un homme fort habile. Ce ne sont là, toutefois, que de simples suppositions.

(1) Dum quinque vel sex commenta peregisset. — Boll., *ibidem*.

solennelles de la Pentecôte, après l'office des matines, et déjà l'aube blanchissante annonçait l'aurore, quand le moine découragé vint chercher un instant de repos sur sa modeste couche.

» Mais il avait à peine commencé un lourd sommeil, quand un vénérable vieillard, aux cheveux blancs, en habit religieux, à l'auréole éclatante, parut soudain devant lui... Il portait, de sa main droite, un livre ouvert dont les extrémités étaient rongées des vers, dévorées de la rouille, et l'écriture entièrement indéchiffrable. Bien plus, hélas ! les pages de ce redoutable parchemin présentaient encore une multitude de lettres minuscules, resserrées et entassées, dont le minium, ou partie décorative, semblait seul survivre (1); puis, en marge, au sommet, un titre en grandes lettres rouges, indiquait que cette impossible écriture avait cinq longs chapitres ! »

Alors la vision parla ainsi :

« Puisque depuis peu de temps vous m'avez

---

(1) Cujus etiam libelli paginæ heus ! creberrimis ex minio videbantur esse distinctæ. — Boll., *ibidem*.

uni à votre société (et tout récemment, en effet, les moines de Dijon avaient témoigné de leur dévotion à saint Apollinaire en inscrivant à leurs litanies le nom du martyr de Ravenne à côté de celui de saint Bénigne), je demande aujourd'hui que vous fassiez revivre ce que je tiens présentement, et qui est en si grand danger de se perdre (1). »

Le saint martyr de Ravenne, car c'était lui, daignait ainsi intervenir personnellement, pour vaincre les scrupules du moine paresseux. Celui-ci, d'ailleurs, comprit aisément que le bienheureux père ne manquerait pas de l'assister dans son œuvre difficile, et il reprit son travail avec ardeur.

« Ceci, dit-il, nous paraît surtout digne de passer à la postérité :

» Car les sauvages Hongrois, ces sinistres

---

(1) Ce discours indique-t-il aussi, dans son entre parenthèse, une union de prière entre Dijon et Ravenne, comme celle qui exista longtemps entre Dijon et Agaune ?... On est tenté de le croire, et d'assigner à cette sainte union l'époque du voyage du vénérable Guillaume en Italie, avant les grandes constructions de l'abbaye dijonnaise, alors qu'il visita Ravenne.

dévastateurs de la Gaule qui ont, à diverses reprises, du septième au dixième siècle (1), apporté la désolation et la mort dans nos contrées, n'ont jamais pu réussir dans leur tentative d'incendie contre l'église du saint martyr. En vain des matières inflammables furent-elles accumulées en monceaux considérables contre ses murs, le feu refusa d'y toucher. On raconte même que les barbares firent appel à leur dieu *Wodan*, par l'entremise de ses prêtres, en lui immolant quantité de chèvres, pour conjurer

---

(1) La Chronique de Bèze, citée par Courtépée, tom. IV, page 693, rapporte que dans les cinq siècles qui suivirent la fondation de son abbaye, le monastère de Bèze fut brûlé cinq fois, notamment au mois de juillet des années 636 et 637, par les Hongres, qui avaient envahi la Bourgogne et l'Aquitaine. Et le père Pinius, dans ses *Observationes præviæ* sur les miracles de saint Apollinaire en Bourgogne, cite le chanoine Frodoard, de Reims, qui dans sa Chronique, publiée par Duchesne et traduite par Guizot, raconte l'invasion hongroise de l'année 937. Il y signale le miracle accompli sur le Hongrois profanateur dont la main sacrilège resta abhérente à la pierre d'autel qui portait les reliques de saint Basle, dans le voisinage de Reims.

Les Petits Bollandistes, au tom. XIII, p. 604, donnent le récit de ce miracle dans la vie de saint Basle, à l'article *Culte et reliques*; et le père Pinius croit que l'invasion hongroise dont parle le moine dijonnais se rapporte à la même époque.

la puissance du dieu étranger dont ils voulaient détruire le temple; mais une seconde fois le feu, qu'ils apportaient ardent dans de grands bassins, s'éteignait en touchant les matières sèches qui devaient l'alimenter (1). Alors les chefs ennemis tournèrent leur colère contre les prêtres du faux dieu, parce qu'ils n'avaient pas su le rendre propice à leur cause, et ils les massacrèrent tous.

» Ce honteux échec remplit les barbares de confusion, et ils portèrent leurs ravages sur d'autres provinces (2), pendant que la reconnaissance des populations bourguignonnes se traduisait par des processions d'action de grâces.

» Car des fêtes religieuses se firent partout, à

---

(1) Les Petits Bollandistes, tome VI, page 566, à la suite de la vie de sainte Macre, au titre : *Culte et réliques*, racontent comment l'église de la petite ville de Fismes, dans le Rémois (*fines Remorum*), fut préservée, à la même époque, de l'incendie que lui avaient préparé les Hongrois. La Chronique de Frodoard signale aussi ce fait miraculeux, et le père Pinius, avec sa réserve sceptique ordinaire, le rapproche de l'insuccès des mêmes barbares sur l'église de Saint-Apollinaire, pour trouver dans la ressemblance des faits un motif de croire à l'identité des auteurs.

(2) Indeque confusi egredientes barbari, alias recesserunt.

la suite de ces grandes épreuves, avec le concours empressé du peuple, des grands, des évêques et des moines, en portant les reliques des saints...

» Il est absolument impossible d'énumérer tous les miracles qui s'y produisirent. Les foules, néanmoins, se pressaient davantage autour des reliques de saint Apollinaire, dont le nom vénéré était sur toutes les lèvres :

» Saint Apollinaire, écoutez-nous !
» Saint Apollinaire, secourez-nous !
» Saint Apollinaire, exaucez-nous !...

C'était le cri dominant ; et tous, à l'envi, se disputaient la faveur de toucher les franges du voile qui recouvrait sa châsse. Ils se les appliquaient dévotement au front, aux yeux, aux lèvres en redoublant leurs pieuses invocations au puissant protecteur... »

Mais s'il a été fait de grandes choses durant les processions publiques, par la guérison de quantité d'infirmes : des sourds, des aveugles, des boiteux, des paralytiques en tel nombre qu'il n'est pas possible de le dire, la bienfaisante puissance du saint martyr n'a pas laissé de s'étendre, ensuite et toujours, sur ceux qui venaient l'invoquer dans son église. Citons ici en témoignage, et entre mille autres, la guérison du cul-de-jatte Martin, comme plus intéressante et plus remarquable.

« Il était d'un village désigné par le moine anonyme sous le nom de Curti-arnon, aujourd'hui Couternon ; et les membres de son pauvre corps, surtout les jambes, avaient subi, après de cruelles souffrances, un tel raccourcissement par la contraction des nerfs, qu'il avait dû les enfermer dans un panier ; et que, s'il voulait aller seul d'un lieu à un autre, il devait employer de petites escabelles de bois, pour jeter son corps en avant, à la distance d'un pas.

» C'est en ce piteux équipage qu'on le voyait fréquemment faire son dévot pèlerinage, gravissant péniblement et patiemment les côtes assez rudes qui le séparaient de Varois, pour gagner ensuite Saint-Apollinaire.

» Or il arriva, en un jour d'été, quand sa fatigue était plus grande par suite de ses pénibles efforts sous un soleil ardent, qu'il demanda la faveur de passer la nuit dans l'église, pour y prier plus recueilli; et sa veille sainte, commencée avec ferveur, se continua longtemps de même; puis, enfin, ses yeux allanguis s'appesantirent sous l'action de la lassitude et du sommeil. Ce ne fut que pour un instant; car il fut aussitôt tiré de sa torpeur involontaire par les soins d'un personnage compatissant, en habit religieux, qui, se tenant à ses côtés, lui dit : Lève-toi !... lève-toi, de suite, et suis-moi !...

» Et comme le pauvre infirme restait cloué au sol, muet de surprise, sous le coup d'un semblable appel, la vision céleste reprit avec plus de force : Lève-toi, te dis-je !... Lève-toi de suite, et suis-moi !...

» Se lever !.. Certes rien ne pouvait être plus agréable au malheureux infirme; mais comment s'y prendre ?... Quel moyen d'y arriver ?... Et dans le rapide instant que demande cette réflexion, il sent la vie qui recommence à courir dans ses membres engourdis depuis tant d'années : ses nerfs se détendent, ses jambes secouent la légère prison qui les enserre et le voilà debout!... Dieu l'avait guéri par les mérites de son saint martyr. »

La tradition ajoute : qu'en témoignage de sa reconnaissance et en preuve de sa parfaite guérison, l'heureux miraculé fit vaillamment le long et pénible pèlerinage de Ravenne en Italie, où il finit ses jours très saintement, parmi les moines gardiens du tombeau de saint Apollinaire.

Le même récit du moine dijonnais parle aussi du puits que renferme l'église du village privilégié qui nous occupe, et dont les eaux bienfaisantes ont été, dès l'origine, employées avec succès par les pèlerins dans leurs infirmités. Ce puits est dans la nef, au côté droit, en avant de l'autel, recouvert maintenant d'un plancher protecteur (1). L'eau qu'il donne est aussi bonne à boire que salutaire, dans son emploi, contre la plupart des maladies humaines. Autrefois on en faisait également usage, en forme d'aspersion, pour combattre certaines

---

(1) Courtépée signale ce puits dans son Dijonnais, à l'article *Saint-Apollinaire*, avec ses propriétés merveilleuses.

affections épidémiques des végétaux, des arbres des jardins, des plantes potagères, comme aussi pour détruire ces pestes de vermine qui rongent parfois les moissons sur pied, et les autres fruits de la terre (1).

Le fait suivant, cité par le pieux moine, vient en confirmation de son dire :

« Il y avait, auprès du Castrum de Dijon, un homme appelé Evrard, dont le corps était tellement paralysé qu'il lui était impossible de mouvoir ses membres. Pendant longtemps il demanda sa guérison avec instance, en répandant ses prières et ses larmes au tombeau de saint Bénigne. Il lui arriva même de prolonger ses supplications fort avant dans la nuit; et dans une de ces séances nocturnes, il commençait à s'ensommeiller, vaincu par la fatigue, quand il vit, à ses côtés, un personnage inconnu qui lui tint ce discours :

« Va-t'en vite à l'église du martyr saint Apollinaire, que tu sais près d'ici; c'est là, sois-

---

(1) Ejusdem fontis aquæ ad tutamen contra... diversorum verminum pestes... visæ sunt admodum valuisse. — Bolland., *ad diem 23 julii*, tome V.

en sûr, que tu retrouveras dans peu l'usage de tes membres. »

Le pauvre paralytique s'y fit transporter; il y invoqua saint Apollinaire; il demanda sa guérison auprès de sa sainte châsse; il fit répandre sur son corps inerte et desséché l'eau du puits miraculeux, en invoquant avec foi le nom béni du saint martyr; il s'endormit ensuite d'un bienfaisant sommeil, puis, en s'éveillant, il se trouva guéri (1).

Lui aussi voulut consacrer au service de Dieu, dans le cloître, la santé qui lui était ainsi rendue. Il demanda; il obtint bientôt la faveur d'être admis parmi les moines de Dijon, et il persévéra dans la pratique des vertus monastiques jusqu'à son dernier jour.

(1) Expergefactus... protinus surgens, totum sese ex integro sanum reperit. — Boll., *ibidem*.

CHAPITRE II

Les objections : Celles du père Pinius contre le moine anonyme. Celle qui résulte du récit contradictoire de Courtépée.

Ce modeste travail devait commencer par un coup d'œil rétrospectif sur l'antique village de Saint-Apollinaire ; et le récit pieux et simple du moine bénédictin de Dijon y a droit à la place d'honneur, puisqu'il est le premier à nous apprendre son existence, en même temps qu'il nous livre le nom vénéré de la fondatrice de son église, avec ses motifs d'agir en cette mémorable affaire :

C'est, nous l'avons vu, sainte Clotilde, la royale épouse du grand Clovis, qui a fondé l'église de Saint-Apollinaire, vers l'an 500, en mémoire de la victoire de son vaillant époux contre Gondebaud.

Mais il importe de prévenir les objections qu'une critique fâcheuse pourrait faire contre la glorieuse origine de cette église, et c'est l'objet du présent chapitre.

Le manuscrit du moine de Saint-Bénigne dit positivement que Clovis remporta une victoire près du village de Saint-Apollinaire, et que sainte Clotilde y bâtit une église en action de grâce de cette victoire.

Quelle est la valeur de ce témoignage?

Le père Pinius, dans ses *Annotata*, formule deux objections :

1° Le moine narrateur paraît trop crédule;

2° Il est seul à nous transmettre un fait historique de cette importance;

Et d'autres ajoutent : 3° L'emplacement assigné dans son récit, à la bataille de Clovis contre Gondebaud, n'est pas en accord avec les monuments de l'histoire.

Nous établirons la valeur historique du manuscrit, et nous prouverons la véracité du moine narrateur, en répondant à toutes ces objections.

PREMIÈRE OBJECTION.

Le premier défaut du moine dijonnais serait sa trop grande crédulité; il admet des faits que le père Pinius tient pour suspects (1).

En effet, dans son premier *Analecta*, aux *Observationes præviæ*, n°s 4 et 5, le père Pinius critique, avec un étonnant persiflage, l'impuissance des Hongrois à brûler l'église de Saint-Apollinaire; et il trouve incroyable, jusqu'à le qualifier de rêverie, le massacre des prêtres du dieu Wodan, par ordre des chefs barbares, à cause de leur insuccès devant cette église.

Reprenons ce passage, ici, au moins dans ce qu'il a de plus saillant:

« Est-ce que tout cela ne sent pas la fable?.. Car qui croira jamais que les chefs des pillards aient tant tenu au minuscule incendie d'une

---

(1) Proinde de ipsius in omnibus, quæ hic recenset, fide sponsorem me præstare non ausim; præsertim in iis quæ refert num. 8. — Boll., *ibidem*.

église de campagne, et qu'ils aient rêvé d'y intéresser leur dieu par des sacrifices et des victimes (1)? »

Eh bien! n'en déplaise au savant critique, cette première objection n'est pas sérieuse!

Elle n'est pas sérieuse, d'abord parce qu'elle ne tient pas compte des mœurs barbares et superstitieuses des peuplades païennes qui nous occupent; et que, d'autre part, rien n'empêche que les choses soient allées comme le raconte le moine dijonnais.

Le village de Saint-Apollinaire est sur la voie romaine qui conduit les gens du nord-est à Dijon; et les Hongrois devaient, en le traversant, renverser tous les obstacles qui s'opposaient à leur marche. Courtépée nous dit que ce village était plus considérable autrefois; et que les Suisses, 400 ans plus tard, en 1513, se crurent obligés de le réduire, ou plutôt de le détruire, avant d'assiéger Dijon (2). La con-

---

(1) Numquid ista episodium redolent? Etenim quisnam, amabo, persuasum habeat... adeo cordi fuisse prædatoribus barbaris tantillum unius ecclesiæ incendium ut... suæ idoli victimis ad illud ab eodem impetrari somniarint... *Ibidem.*

(2) Voir au tome II, page 240. Edit. Lagier.

duite des Hongrois, loin d'être étrange, est donc tout à fait rationnelle dans le cas présent.

Mais, dit la note critique, cette destruction par l'incendie d'une si petite église, *tantillum unius ecclesiæ incendium*, valait-elle la peine d'arrêter les pillards ?... Pouvait-elle motiver des sacrifices à Wodan et la mort de ses prêtres ?..

Nous répondons :

Il faut bien le croire, puisque l'historien le dit. Il y a, d'ailleurs, tout lieu de penser, et Courtépée le donne pour probable (1), que cette église servait de refuge aux habitants en temps de guerre, soit à cause de sa construction en forme de forteresse (2), soit, simplement, à cause de la confiance du peuple à la protection du saint martyr; et si l'on songe que toute la population et toute la richesse du village y étaient renfermées, on comprendra aisément

---

(1) Voir Courtépée, *ibidem*.
(2) On connaît, dit Bourassé, tome II, p. 342, quelques églises de la période romano-bizantine, qui ont eu des murailles crénelées et garnies de machicoulis. Nommons seulement l'église de Candes, au diocèse de Tours; il pouvait ajouter : et Tournus, au diocèse d'Autun.

l'insistance des Hongrois à s'en rendre les maîtres. Au surplus, ne l'oublions pas, le moine dijonnais n'avait point à s'occuper des difficultés de cette nature. Son but était de glorifier saint Apollinaire, en racontant le miracle obtenu par son intercession, et il reste dans son rôle.

Mais le père Pinius, dans ses *Annotata* du chapitre Ier, à la lettre K, insiste de nouveau sur cette trop grande crédulité du moine anonyme, en s'appuyant du silence de Mabillon, le plus illustre des auteurs bénédictins; et, plus encore, du silence également complet d'un auteur contemporain, la Chronique de Saint-Bénigne, qui ni l'un ni l'autre n'ont tenu compte du récit qui nous occupe.

Ecoutons cette nouvelle forme de l'objection « Pinienne ».

« Mabillon, le diligent collecteur des monuments bénédictins, ne fait aucune mention de ces faits merveilleux, autant que nous avons pu le constater en parcourant les tables des matières qui sont annexées à son grand travail. Bien plus, nous n'avons rien trouvé de semblable dans la Chronique de Saint-Bénigne, quoique nous l'ayons parcourue très attentivement; et cela est d'autant plus étonnant que cette chronique est du onzième siècle, presque contemporaine de l'auteur anonyme, dont elle passe le récit sous silence (1). »

Ainsi, silence de Mabillon; silence de la Chronique bénédictine dijonnaise; telle est l'objection sous sa seconde forme.

Mais, d'abord, cette objection est purement négative; et il est admis, en bonne critique, que l'argument négatif seul, cette arme de Vandale (2) qui détruit tout, sans respect pour les traditions, est de nulle valeur par lui-même. Bien plus, s'il est seul en face de textes et de

---

(1) Mabillonius, diligens monumentorum benedictinorum collector, in Annalibus istius Ordinis nullam, quantum ex indicibus eidem operi subnexis colligere licuit, mentionem facit hujus, quam damus, historiæ.
Nec vero quidquam invenimus in Chronico supra laudato, sancti Benigni, quod obiter percurrimus; idque mirari par est, cum seculo undecimo, post nostrum hunc scriptorem proxime sequente, ab auctore quidem anonymo at monaco tamen monasterii sancti Benigni divionensis exaratum. — Boll., *ibidem*.

(2) Mgr Bougaud, *Introduction à l'étude de Saint-Bénigne*, pages 6-7.

monuments sérieux qui proclament la réalité des faits incriminés, l'argument négatif devient entièrement ridicule, et nous sommes dans ce cas.

De quoi s'agit-il, en effet?

Il s'agit d'une *église,* dont le sanctuaire, aujourd'hui encore, décèle l'antiquité (1), et des vains efforts des barbares hongrois, au dixième siècle, pour la brûler.

Cette église est un prieuré-cure; elle a son origine et son histoire, et l'un et l'autre nous arrivent par un écrivain du onzième siècle, un moine de Saint-Bénigne de Dijon propriétaire du prieuré, qui nous en fait le récit en s'appuyant sur la *tradition* et sur de *vieux parchemins.*

Il s'appuie sur la tradition; et il est pour cela dans les meilleures conditions possibles, puisqu'il n'est pas loin des derniers événements (2); qu'il habite les lieux mêmes, et

(1) Il est peu profond, en cul-de-four avec arcatures à bande murales, flanqué de deux absidioles, — toutes choses, d'après M. Caumont, qui indiquent la première époque romane.

(2) L'invasion hongroise du dixième siècle.

qu'il appartient à un monastère qui possède l'*église prieuré-cure dont il s'agit.*

Il s'appuie sur de *vieux parchemins ;* écoutons ici son propre témoignage :

« Après en avoir reçu l'*ordre de son Abbé*, il avait déjà *parcouru cinq ou six fragments*, pour commencer son récit, quand il fut pris, en vue des difficultés prévues, de ce grand découragement dont il fut ensuite tiré par les soins de saint Apollinaire (1). »

Ainsi, ces fragments ont été réunis, au commencement du onzième siècle, par un moine de Saint-Bénigne de Dijon, sur l'ordre de son Abbé ; et ce moine a déjà parcouru cinq ou six de ces fragments pour commencer le récit qui lui est commandé.

Ce récit est donc appuyé sur des fragments recueillis au onzième siècle de divers côtés ; et ces fragments sont des écrits déjà anciens, puisque la difficulté de les lire est capable d'effrayer la patience d'un moine !

---

(1) Dum quinque vel sex fragmenta peregisset. — Boll., *ad diem 23 jul.*, t. V, p. 354, n° 5.

Que faut-il en conclure ?

Il faut en conclure, évidemment, que la relation de ce moine, basée sur des fragments jugés vieux au onzième siècle, constitue un monument des plus sérieux. Et s'il arrive qu'un savant belge, venu *six cents ans après*, a la témérité de prétendre infirmer son témoignage par une simple négation, il faut ajouter qu'il y a au moins lieu de s'en étonner.

Mais enfin, insiste le père Pinius, pourquoi Mabillon, ce diligent collecteur des Annales bénédictines, n'en a-t-il rien dit ?

Nous répondons :

C'est à Mabillon lui-même que le jésuite Pinius, son contemporain (1), devait adresser cette question ; et puisqu'il ne l'a pas fait, nous ne pouvons satisfaire à sa demande que par des suppositions :

Peut-être faut-il dire que Mabillon, connaissant le récit du moine dijonnais, a cru pouvoir le passer sous silence, parce que les faits qu'il

---

(1) Mabillon est né en 1632, — est mort en 1707 (diocèse de Reims). Pinius est né en 1678, — est mort en 1749 (Belgique).

signale n'intéressaient qu'indirectement le grand ordre dont il écrivait l'histoire à un point de vue général; et qu'il a cru plus utile de laisser à d'autres le soin de publier ce qui appartenait proprement à l'histoire locale de chaque monastère.

Tout au moins faut-il convenir que Mabillon, le plus savant des religieux de France, mais aussi le plus humble, selon le mot de Bossuet devant Louis XIV (1), dirait aujourd'hui aux critiques de tous les pays et de tous les temps : Ne me faites pas parler, en interprétant *arbitrairement* mon silence, alors que je n'ai rien dit.

Reste l'objection du silence de la Chronique bénédictine; et celle-ci, à la page XVII de sa préface, en donne elle-même la réponse en ces termes :

« Quoi qu'il remontât au sixième siècle, le monastère de Saint-Bénigne n'avait pas d'archives. Les Normands avaient tout brûlé. Dix fois il avait fallu fuir devant eux, se cacher au

---

(1) *Dict. de biog.* de Migne, article *Mabillon.*

Castrum de Dijon, se réfugier jusqu'à Langres ; puis, à peine revenu à l'abbaye, rentrer en hâte au Castrum : et pendant ce temps, que faire des papiers, des manuscrits, des archives ?.. Même en plein dixième siècle, après l'apaisement des invasions normandes, la paix n'était pas revenue. L'abbé Guillaume, au lendemain du jour où il avait fait de si grands et si intelligents efforts pour reconstituer une bibliothèque, n'avait-il pas été obligé de se sauver à la hâte, *avec ses livres,* devant le roi Robert qui venait assiéger le Castrum ? Que de monuments avaient dû disparaître dans cette succession de ravages ! Que de précieux souvenirs à jamais détruits ! La suite des Abbés était à peine connue. Les noms des plus célèbres, conservés dans le nécrologe avec un mot de louange... voilà tout ce qui restait. Quant à leur vie, au détail de leurs actions, il n'y fallait pas penser.

» Un livre cependant avait échappé à tant de naufrages. C'était le *Liber bonorum,* le livre des biens du couvent, le recueil des chartes de donation... Le moine fugitif ne manquait pas de le joindre à son bagage d'exilé, pour le produire en des temps meilleurs, et rentrer par son moyen dans les biens du monastère. »

Ne l'oublions pas, la préface de la Chronique bénédictine qui contient ce passage est d'un homme de valeur, M. l'abbé Bougaud, qui a professé l'histoire ecclésiastique avec éclat au grand séminaire de Dijon, avant d'être élevé sur le siège épiscopal de Laval. Il est du pays même; il a fait ses preuves; il a su ce qu'il écrivait.

Mais en face de l'objection du bollandiste Pinius contre le silence de la Chronique bénédictine ainsi connue, on est vraiment tenté de se demander si le savant belge parle sérieusement, quand il s'étonne de ne pas y trouver le récit de notre moine anonyme.

Sur quoi d'ailleurs se fonde-t-il pour supposer la Chronique de Saint-Bénigne postérieure au récit qu'il combat? Les deux écrits sont du cours du onzième siècle; on est à peu près fixé sur ce point; mais qui est l'aîné? Le père Pinius fait une supposition gratuite, quand il donne la priorité d'existence au récit qui glorifie saint Apollinaire, puisqu'il n'en fournit aucune preuve (1); et, dès lors, nous sommes en droit de nous étonner, à notre tour, en le voyant fonder son principal argument sur une simple supposition.

Laissons donc de côté cette première objection du savant belge, pour nous occuper de la seconde.

DEUXIÈME OBJECTION.

« Le moine narrateur est seul à nous transmettre un fait historique de cette importance. »

---

(1) On peut même dire que le savant belge donne lui-même, sans s'en douter, les éléments de la preuve contraire.

Car c'est lui, Pinius, qui nous prévient de ce fait : « que le *Livre des miracles* de saint Apollinaire, évêque et martyr de Ravenne, a été écrit par un moine de Saint-Bénigne de Dijon, environ *cinq cents ans avant la copie qu'en a faite le père Pierre-François Chifflet.* »

De sorte que, pour avoir l'âge du livre copié par le jésuite Chifflet, il faut, d'après les données de Pinius lui-même, prendre le siècle du père Chifflet, le dix-septième, selon tous les hagiographes, pour point de départ, en ayant soin de descendre de *cinq cents ans* en arrière, calcul fort aisé qui nous ramène à la toute fin du onzième, ou bien tout au commencement du douzième siècle.

Mais la Chronique de Saint-Bénigne s'arrêtant à l'an 1052, il faudrait donc dire, d'après les données de Pinius, que le *Récit du pieux moine* lui serait postérieur d'environ *cinquante ans*. Comment s'étonner alors que la Chronique bénédictine l'ait passé sous silence ?... C'est assurément le contraire qui serait fort étonnant !

C'est là, en effet, la seconde objection faite au récit qui nous occupe.

Mais si le récit du moine dijonnais, sur un fait de cette importance, nous est arrivé seul à travers les ravages des invasions barbares, il n'en résulte rien de fâcheux pour lui, tout au contraire, il n'en est que plus précieux, sa véracité étant bien établie. Ce n'est donc pas tant l'isolement du récit que la sincérité du narrateur et ses moyens d'action qui doivent nous préoccuper.

La sincérité du moine anonyme ne saurait être mise en doute : elle nous est garantie par la simplicité de sa narration, par ses premières résistances avant d'écrire, et par le soin qu'il prend de taire des noms que l'humilité veut ensevelir dans l'oubli.

Quant aux moyens d'action, le pieux moine s'autorise du récit des anciens : *Virorum antiquorum relatione.*

A quoi le père Pinius, dans ses *Annotata,* à la lettre D, répond par le mot suivant :

« L'auteur s'appuie sur un fondement de la

vérité assez faible, après quatre siècles : *Fundamentum veritatis satis debile post quatuor sæcula !*

Nous ferons d'abord observer qu'on ne conçoit guère une tradition populaire inventant des faits tels que ceux-ci : une victoire du roi Clovis, et la construction d'une église par sainte Clotilde pour en perpétuer le souvenir.

Mais puisque le moine dijonnais s'autorise du *témoignage des anciens*, nous avons le *devoir*... et *le devoir absolu*, d'examiner ce témoignage avant de le récuser.

Qui sont donc ces anciens?

Ce sont évidemment ceux que le pieux moine dit avoir consultés; ceux dont il a parcouru les récits par *ordre de son Abbé* avant d'écrire; ce sont, en un mot, ces *fragments* dont la difficile lecture l'avait plongé dans le découragement que nous savons; et nous avons vu que ces fragments constituent un monument des plus sérieux, un fondement non pas : *satis debile*, selon le mot railleur de Pinius, mais bien plutôt *très fort* de la vérité.

De plus, ne l'oublions pas, les contemporains ne paraissent pas avoir méprisé cet écrit, puisque le père Chifflet l'a trouvé dans quatre abbayes; et que, d'après Pinius lui-même, le père Papebrock, l'un des premiers bollandistes, en a fait une copie de sa propre main (1).

On peut donc avoir confiance au récit du moine dijonnais.

TROISIÈME OBJECTION.

Mais Courtépée et quelques autres modernes disent que la bataille de Clovis contre Gondebaud, roi des Burgondes, fut livrée sur le territoire de Fleurey, à quelques lieues de Dijon.

C'est la troisième objection, à laquelle nous allons répondre.

Courtépée, en effet, dans son *Histoire du duché de Bourgogne*, dit :

« Les armées se rencontrèrent auprès de Fleurey-sur-Ouche, dans un vallon à deux lieues de Dijon. »

---

(1) Apographum item nobis Papebrochius, *sua manu transcriptum;* addens illud haberi post acta sancti Apollinaris ordinaria in Mss. Cisterciensibus, tome IV, n° 8.

Et, dans sa description particulière du Dijonnais, t. II, p. 192, à l'article *Fleurey*, il répète :

« C'est dans la plaine (de Fleurey) que se donna en 500, la grande bataille qui a retenu le nom de Fleurey, entre Gondebaud et Clovis. » — Puis, en note, il ajoute : « L'endroit où se donna la bataille doit être placé entre Velars et Fleurey, en tirant au nord du côté de Lantenay. — Dans un emplacement défriché en 1765, on a trouvé des ossements d'hommes, de chevaux, des crânes et de vieilles armes. »

Mille, dans son *Abrégé chronologique*, publié en 1771, dit :

« Célèbre bataille de Fleurey-sur-Ouche, à deux lieues de Dijon : Gondebaud, trahi par son frère, est obligé de se sauver, de précipiter sa marche le long du Rhône et de s'enfermer à Avignon. »

Legouz-Gerland (1), dans son *Essai sur les*

---

(1) Le Dijonnais distingué, porteur de ce nom respectable, a droit à la gratitude de toute la Bourgogne pour avoir doté Dijon, sa capitale, d'un Cabinet d'histoire naturelle, d'un Jardin botanique, d'une Académie des beaux-arts et de plusieurs écrits importants sur notre pays. Malheureusement, et nous sommes obligé de le dire, il n'a pas tou-

rois de Bourgogne, publié en 1770, avait déjà écrit :

« Les armées se rencontrèrent à une heure de chemin, au couchant de Dijon, dans un vallon assez étroit sur la rivière d'Ouche. » — Puis, en note, il avait ajouté : « On voit encore les restes de cette défaite par des tombeaux que l'on trouve dans un petit vallon, à droite du champ de bataille. »

Voilà les seuls contradicteurs du manuscrit bénédictin (1), et voici leur réfutation :

---

jours pris le temps d'examiner d'assez près les faits qu'il présente au lecteur.

(1) Il importe de remarquer ici que ces trois contradicteurs ont obéi à une même inspiration.

Legouz-Gerland, qui publiait son *Essai sur les rois de Bourgogne* en 1770, cinq ans après les fouilles du vallon de Fleurey, a été le conseiller de Courtépée dans son histoire du duché. — Voir la préface de cet ouvrage à la page XXVI.

Mille, qui imprimait son *Abrégé chronologique* en 1771, un an après la publication de Legouz-Gerland, *avait été consulté avec fruit* par le même Courtépée. — Voir la même préface, à la même page.

Ces trois auteurs, qui sont du même temps, et qui traitent la même question avec tant d'accord, à l'encontre des anciens, se sont donc copiés. Mais le premier, Legouz-Gerland, s'est posé l'objection qu'on devait lui faire, sur *l'étroitesse du vallon de Fleurey*, sans pouvoir y répondre convenablement ; écoutons-le :

« On ne sait pas pourquoi Gondebaud n'attendit pas

Dans une note, à la fin du tome Ier, page 417, au titre : *Additions et corrections*, l'éditeur de Mille s'exprime ainsi :

« Des fouilles ayant été faites au pied de la montagne, au nord du grand chemin entre Velars et Plombières, on y découvrit des tombeaux en forme de fours, recouverts de laves, pourvus d'ossements humains et de quelques débris d'armes. On crut pouvoir en conclure qu'on était en présence du champ de bataille de Clovis contre Gondebaud. C'était *une erreur grossière*, qu'un examen plus approfondi de la forme des tombeaux a fait reconnaître. Elle est d'ailleurs prouvée plus évidemment encore par le fait des pièces de monnaie du seizième siècle, frappées sous le règne de Henri III, qui furent trouvées dans ces tombeaux. » — Une de ces

---

Clovis dans la plaine, sous les murs de la ville, alors très forte, comme l'apprend Grégoire de Tours. Elle lui aurait donné, par sa situation, un avantage considérable sur son ennemi, et lui aurait au moins servi de retraite. *On prétend* que ce fut une suite des conseils de Gondégisile, qui lui fit entendre qu'il aurait plus d'avantages de combattre dans ce vallon où les troupes de Clovis ne pourraient s'étendre. »

pièces, ajoute l'éditeur, est aujourd'hui entre les mains du sieur Delphin, huissier à la Chambre du domaine (1).

Voilà notre réfutation, et l'histoire la confirme.

Personne, en effet, n'a suivi l'opinion des trois auteurs que nous venons de nommer :

Rohrbacher, dans son *Histoire universelle de l'Eglise*, t. VIII, p. 526, dit :

« Au milieu de la bataille qui se donna *près de Dijon*, Gondégisile se tourna contre Gondebaud, qui prit la fuite et alla s'enfermer à Avignon. »

L'*Abrégé chronologique* de Mgr Daniel, évêque de Coutances, ouvrage autorisé par le ministre de l'instruction publique, page 194, dit :

« Clovis attaqua Gondebaud, le battit *près de Dijon*, et s'il ne le détrôna pas, il le fit du moins son tributaire. »

L'*Histoire populaire de France*, attribuée à un ancien ministre de l'instruction publique, M. Duruy, t. 1er, p. 55, dit :

(1) Mille, *Abrégé chronologique de l'histoire de Bourgogne*, tome I. — Aux additions et correct., page 417.

« Gondebaud, vaincu *près de Dijon*, s'enfuit jusqu'à Avignon. »

Avant ces historiens, l'abbé Fyot, dans sa dissertation historique qui précède son *Histoire de l'église Saint-Etienne*, p. 15, s'était servi de cette expression : *Aux portes de Dijon*, pour désigner le champ du combat.

Dom Plancher, dans son *Histoire du duché de Bourgogne*, liv. V, place également le champ de bataille *près de Dijon-sur-Ouche*; et la *Chronique de Saint-Bénigne*, plus précise encore, dit :

« Le combat fut livré sur le fleuve d'Ouche, auprès du Castrum qu'on appelle Dijon : *Super Oscaram fluvium secus Castrum quod dicitur Divion*. »

Sur quoi s'appuient tous ces historiens pour dire : près de Dijon, auprès de Dijon, aux portes de Dijon ?

Tous s'appuyent sur un texte de Grégoire de Tours, le père de notre histoire nationale.

Grégoire de Tours place cette bataille :

« *Ad Castrum cui Divión nomen est, confligentes super Oscaram fluvium.* »

Remarquons qu'il ne dit pas : *prope*, ou : *non*

longe, mais : *ad Castrum* ; et l'abbé Fyot traduisant : *aux portes de Dijon*, nous semble avoir bien traduit ce texte.

Grégoire de Tours était neveu de saint Grégoire, évêque de Langres, qui aimait habiter Dijon ; il connaissait Dijon, comme ses écrits en font foi, et cette circonstance donne encore plus de force à son témoignage.

Comparons maintenant le récit du moine bénédictin avec le texte de Grégoire de Tours :

« Au bourg de Dijon, dit le pieux moine, à la distance d'environ deux milles du Castrum, on voit une église consacrée sous le vocable du saint martyr (Apollinaire). Elle occupe un terrain appelé *Aquiliaco*, au sommet d'une colline qui est à l'orient du même Castrum; et la tradition des anciens dit qu'elle a été primitivement bâtie par l'épouse de Clovis, la très chrétienne Clotilde, en mémoire d'une victoire remportée en ce lieu par son époux contre ses ennemis (1). »

Le manuscrit bénédictin semble placer la

---

(1) Nous avons donné le texte latin de ce passage à la page 5 du chapitre premier de ce travail.

bataille au village de Saint-Apollinaire, tandis que d'après Grégoire de Tours, elle se livra devant Dijon, sur le bord de l'Ouche.

Ce n'est qu'une nuance.

Si l'on veut supposer que Clovis eut son quartier général à Saint-Apollinaire, qui est sur une hauteur à trois kilomètres de Dijon, et que ses troupes descendirent de cette hauteur pour combattre dans la plaine, tout s'arrange : la bataille est réellement livrée sur les bords de l'Ouche, et sainte Clotilde peut construire une église à Saint-Apollinaire en souvenir de cette bataille.

Nous ne parlerons que pour mémoire d'une *nouvelle distraction* du P. Pinius.

Sur ce texte du manuscrit : « *Ob* victoriam de suis inimicis regi Clodoveo in eodem loco concessam, » le P. Pinius ajoute (*analecta* E) : *fallitur auctor si isto loco velit famosam Clodovei victoriam...*

Comment l'éminent critique a-t-il pu supposer que le moine dijonnais ait eu en vue la fameuse bataille connue dans l'histoire sous le nom de : bataille de Tolbiac ?...

Donc le manuscrit du onzième siècle, composé par un moine de Saint-Bénigne de Dijon, en parfaite position pour connaître aussi bien les vieux écrits que les traditions locales, sur les événements importants qui nous occupent, et choisi pour ce travail par le R. P. Abbé, est un document des plus précieux. Il est d'ailleurs en parfait accord avec le plus ancien historien de France, Grégoire de Tours, et il mérite toute confiance.

Donc la bataille de Clovis contre Gondebaud s'est livrée devant Dijon, sur les bords de l'Ouche, et l'église de Saint-Apollinaire a été bâtie par sainte Clotilde en mémoire de cette bataille.

Telle est au moins notre conclusion, jusqu'à preuve contraire; et, pour ce qui concerne le fond du débat, c'est-à-dire le vrai champ de bataille de Clovis contre Gondebaud, nous croyons pouvoir ajouter :

Qu'entre le récit du moine dijonnais (du onzième siècle), motivé comme nous l'avons vu, et concordant parfaitement avec le *texte de Grégoire de Tours* (du sixième siècle), et le récit moderne de Courtépée, démoli si catégoriquement par l'éditeur de Mille, ainsi que nous l'avons dit, il n'y a pas de conclusion plus rationnelle.

CHAPITRE III

Les motifs du combat : La politique, une querelle de famille. — Portraits de Clotilde et de Gondebaud.

La question du lieu qui fut le champ de bataille des Francs contre les Bourguignons étant élucidée, il n'est pas sans intérêt de rechercher les motifs de ce grand combat.

Pourquoi Clovis, neveu de Gondebaud par sa femme, a-t-il déclaré la guerre à son oncle ?

Il y a de ce fait des raisons politiques et religieuses, mais il y a aussi une querelle de famille.

La politique poussait Clovis à s'étendre du côté de la Bourgogne; et son alliance récente avec une princesse catholique favorisait ses aspirations, en lui promettant la faveur des évêques, alors si puissants, dans ses entreprises contre Gondebaud.

Celui-ci, élevé dans la foi catholique par son père, Gondioc (1), s'était laissé circonvenir par les Ariens jusqu'à adopter leurs funestes erreurs. On le dépeint comme un homme cruellement ambitieux, qui ne recule devant aucun crime pour s'agrandir; et la conduite qu'il tint envers sa famille semble justifier ce jugement.

A Vienne, où le sort des armes lui fut favorable, il se défit de deux de ses frères en un même jour : Gondemar, qui préféra mourir brûlé dans son palais plutôt que de se rendre; et Chilpéric, à qui il fit trancher la tête, après avoir précipité sa femme dans le Rhône avec une pierre au cou (2). Clotilde, la fille de ce dernier, devenue orpheline par les cruautés de

---

(1) « L'entreprise de saint Mametz, évêque de Vienne, sur la métropole d'Arles, engagea Gondioc à écrire au pape saint Hilaire pour la réprimer; et le Souverain Pontife, approuvant le zèle du prince, lui donna, dans sa réponse, la glorieuse qualité de Fils. » Voir Courtépée, t. I, *Histoire du duché de Bourgogne*, livre III, page 74.

(2) On place cette sanglante tragédie en l'an 491. — Courtépée, *ibidem*.

son oncle, se crut en droit de lui faire expier ses péchés en excitant son époux, le vaillant Clovis, à déclarer la guerre à Gondebaud ; et celui-ci, pour conjurer l'orage, s'imagina qu'il pouvait compter sur Gondégisile, son cadet, qui était resté neutre dans la campagne de ses deux autres frères contre lui. Nous avons vu qu'il trompa le roi de Bourgogne, gagné, dit-on, par les intrigues du roi des Francs. Il est encore permis de croire que la crainte de subir, quelque jour, un sort semblable à celui de Chilpéric et de Gondemar n'y fut pas étrangère et que Gondégisile, en dissimulant, jugea habile de profiter de l'occasion favorable pour abattre, d'un seul coup, l'ambition de plus en plus menaçante de Gondebaud.

Mais combien sont fragiles les calculs de cette politique ténébreuse qui cherche le salut dans les perfidies du mensonge ! Le sort que redoutait Gondégisile lui arriva précisément par les moyens qu'il avait cru bon de prendre pour l'éviter. Gondebaud fut vaincu ; mais, plus tard, après avoir apaisé Clovis en acceptant des conditions onéreuses qu'il espérait bien ne pas tenir, il fondit sur Gondégisile, le surprit dans Vienne et le fit massacrer dans une église.

Maintenant que nous connaissons les motifs déterminants du combat des Francs contre les Burgondes dans la vaste plaine au sud-est de Dijon, arrêtons un instant nos regards sur Clotilde et Gondebaud, les deux personnages les plus en vue dans ce drame sanglant.

Clotilde est une sainte, la première reine catholique de France, honorée dans l'Eglise au troisième jour de juin. Son nom, d'après Aug. Thierry, dans ses *Temps mérovingiens,* signifie, en langue germaine, vaillante conseillère; et Clovis ou Lowis, dont nous avons fait Louis, célèbre guerrier (1).

Disons tout de suite que la princesse burgonde, sainte Clotilde, a réalisé en elle, d'une façon admirable, la glorieuse signification de son nom. Elle a conseillé le roi, son époux, avec assez de sagesse et de prudence pour arriver à en faire un chrétien catholique, de païen

(1) Note des Petits Bolland, à la vie de sainte Clotilde, au 3ᵉ jour de juin.

qu'il était auparavant; et ce magnifique succès fut le résultat de la grâce divine provoquée par la prière, les saintes œuvres, et le patient exercice des vertus chrétiennes.

Le chroniqueur du septième siècle, Frédégaire, raconte comment Clovis, ébloui du retentissement qui se faisait par toute la Gaule autour des malheurs, des vertus et de la beauté de la royale orpheline, parvint à faire pénétrer un de ses fidèles auprès de Clotilde, pendant qu'elle distribuait ses aumônes aux pauvres, à l'issue du service divin. Il lui remit, de la part de son noble maître, un anneau où étaient gravés son nom et son image. C'était une promesse de fiançailles qu'elle accepta, en échangeant son anneau contre celui du glorieux roi des Francs (1). Devenue reine par son union avec Clovis, elle sut amener son époux à estimer, puis, bientôt, à aimer la foi chrétienne et ses œuvres admirables, dans sa vie privée et publique.

(1) *Histoire populaire de la France*, de Duruy, tome I, p. 54.

« Son application principale, dit le père Giry, était de gagner le roi, son mari, à la religion. Comme elle savait qu'on obtient tout de Dieu par l'humilité, plus elle paraissait grande devant les hommes, plus elle s'abaissait devant sa divine majesté, à laquelle elle faisait des prières instantes et continuelles pour la conversion de Clovis. Elle accompagnait ses oraisons de plusieurs austérités qu'elle pratiquait dans le secret, autant qu'il lui était possible..., et d'autres saintes œuvres envers les pauvres et les prisonniers. Elle y intéressait toutes les saintes âmes qu'elle pouvait découvrir, particulièrement sainte Geneviève qui florissait alors à Paris... Elle savait enfin se servir adroitement des moments favorables pour amener doucement son royal époux à reconnaître Jésus-Christ pour le vrai Dieu (1). »

Combien de femmes, dans notre chère France, pourraient et devraient, aujourd'hui surtout, marcher en ce point sur les traces de sainte Clotilde, avec espoir d'un résultat sem-

---

(1) *Vie des Saints*, par le père Giry, au 3ᵉ jour de juin.

blable, pour leur bonheur et celui de la famille qui forme leur petit empire!

Mgr Guérin, dans ses Petits Bollandistes, ajoute cette note à la vie de sainte Clotilde :

« On s'étonnera peut-être de voir ainsi en Clotilde, l'héroïne cruelle à côté de la sainte; mais pour juger dignement certains actes qui nous semblent étranges dans la vie de sainte Clotilde, gardons-nous de les estimer à la mesure de nos mœurs et de notre civilisation. La postérité, en écoutant l'histoire de cette femme forte qui éleva la croix sur le pavois des Francs, n'osera pas lui faire un crime d'avoir reproduit en elle, quelquefois trop facilement, l'empreinte de sa nation et de son époque. Les chrétiens savent, d'ailleurs, que l'Église catholique ne propose, dans ses saints, à l'admiration des hommes, que leurs traits de ressemblance avec Jésus-Christ, l'auteur de toute sainteté. Quant aux actions qui les rapprochent des autres hommes, elle se contente de les rapporter, en abandonnant le soin de les juger ou de les absoudre au Dieu clément, qui couronne le repentir non moins que l'innocence. »

Gondebaud, nous l'avons vu, est bien moins recommandable que sa sainte nièce. Néanmoins il faut lui rendre cette justice : « qu'il eût été un grand roi sans la cruauté qu'il exerça envers ses frères; et qu'il fut même doux, humain, juste, occupé à civiliser ses peuples et à les rendre heureux, quand il ne trouva plus d'obstacles à régner seul (1). »

Que d'autres princes, dans des temps plus modernes, ont cru légitimer de semblables crimes sous le couvert de la raison d'Etat!

C'est Gondebaud qui publia, à Lyon, la fameuse ordonnance connue sous le nom de « Lois Gombettes ». On y remarque un grand fond d'équité, beaucoup de pénétration d'esprit, une science peu commune en politique, et une sagesse digne d'un prince chrétien (2). »

Dans une étude intéressante sur le culte public rendu en Italie à Boëce, tome VI des Petits Boll., p. 250, Mgr Paul Guérin parle d'une merveilleuse horloge hydraulique, inventée par

(1) Courtépée, *Histoire du duché de Bourgogne*, tome I, p. 83.
(2) *Idem*, p. 79.

Boëce, qui, sans roues ni ressorts, marquait le cours du soleil et des astres, par le moyen d'une certaine quantité d'eau renfermée dans une boule d'étain qui tournait sans cesse, entraînée par sa propre pesanteur (1). Elle était adressée à Gondebaud, roi de Bourgogne, par le roi d'Italie, Théodoric, son beau-père, avec ces paroles :

« Désormais vous aurez dans votre patrie le chef-d'œuvre que vous avez admiré dans Rome. Il est juste que Votre Grâce jouisse de nos propres biens, puisqu'elle nous est alliée par le sang. Familiarisez les peuples de la Burgondie avec les merveilles de l'art; apprenez-leur à estimer la science des Romains. »

Cela suffit, assurément, pour montrer le zèle de Gondebaud à développer le champ de l'étude dans ses états à cette lointaine époque, quand il eut dompté tous ses rivaux; mais cela ne justifie pas ses crimes.

(1) Courtépée signale aussi cette horloge à la page 82 de son histoire du duché, en ces termes :

« Gondebaud reçoit des lettres de Théodoric, roi d'Italie, avec deux horloges, dont une clepsydre, ou horloge à eau. »

CHAPITRE IV

Le nom primitif du village est *Aquilliaco*. Un puits remarquable et antique est abrité par l'église.

Le nom d'origine du village de Saint-Apollinaire n'est pas celui du saint martyr de Ravenne. Le moine anonyme de Dijon, et les vieilles chartes bourguignonnes, nous l'avons vu, lui en donnent un autre. C'est que, ici, comme en beaucoup d'autres cas (1) semblables, le premier nom du village a été éclipsé, dans la suite des temps, par celui du patron de

---

(1) Le village de Saint-Philibert, par exemple, est connu dans les vieux écrits, sous le nom de Vel-sous-Gevrey, et il doit son nom actuel, depuis le seizième siècle, aux nombreux pèlerins qui viennent encore y invoquer saint Philibert. — Voir la notice sur ce saint, p. 77.

l'église et par les merveilles du pèlerinage qui s'y est établi.

Quel est ce premier nom ?

Courtépée, dans l'article qu'il consacre à Saint-Apollinaire, dit :

« Anciennement *Saint-Apolomet*, et, chez les villageois : *Saint-Epleumay*. »

Plus loin, il ajoute cet autre renseignement :

« Le hameau de Sully, qui en dépend, est appelé dans les vieux titres : *Aquilliacum*. »

C'est là une indication précieuse qui, corroborée par d'autres, nous donnera le nom primitif du village.

Et ces indications, nous allons les prendre : dans le récit du moine anonyme, et dans un acte du duc Robert de Bourgogne, de l'an 1034.

Reprenons le récit du moine dijonnais à son début :

« Dans le pays de Bourgogne, au bourg de Dijon, à la distance d'environ deux milles du Castrum, on voit une église consacrée sous le vocable du saint martyr.

« Elle occupe un lieu désigné sous le nom d'*Aquiliaco ; in fundo cognomento aquiliaco.* »

Voici donc, sous la plume du pieux moine, au onzième siècle, le nom du lieu sur lequel l'église du saint martyr est édifiée, c'est « *Aquiliaco* ».

Ce lieu est-il habité ou désert?... demandons la réponse à l'acte du duc Robert.

On trouve aux Archives départementales, lettre H, liasse 79, un parchemin important, dont nous donnerons le texte plus loin, qui mentionne le don fait à l'abbaye Saint-Bénigne de Dijon par le duc Robert Ier, en l'an 1043, des trois villages suivants : *Aquillacy, Cromaci, Sullui*, sis tous les trois dans la paroisse qui est sous le vocable de saint Apollinaire (1). »

Chacun sait que, dans le langage des vieux

---

(1) Notons ceci : Les trois villages qui composent alors la paroisse de Saint-Apollinaire n'appartiennent pas (au onzième siècle) à l'abbaye Saint-Bénigne, puisque le duc Robert les lui donne en propriété, selon les termes de l'acte que nous verrons plus loin. D'où il faut conclure :

Ou que l'abbaye, jusque-là, n'avait que des droits de simple juridiction sur l'église de Saint-Apollinaire, ou que ces droits avaient été aliénés antérieurement, pour des motifs inconnus, et que l'acte du duc Robert les a rétablis. La seconde hypothèse nous semble plus probable.

titres, la simple réunion de quelques maisons habitées est honorée du nom de village, par imitation peut-être de la villa romaine.

Dès lors :

1º *Aquilliacy*, qui, à la marge du même vieux titre, s'écrit également : *Aquilliacum*, est un village, puisqu'il est désigné sous ce nom au nombre des trois localités que le duc Robert donne au monastère dijonnais ;

2º Ce village n'est pas autre chose que l'*Aquilliacum* de Courtépée et l'*Aquilliaco* du moine de Saint-Bénigne, puisque les noms sont les mêmes, et que la contrée n'en a pas d'autre semblable dans son finage ;

3º Le village qui porte ce nom nous apparaît principal entre les autres, puisqu'il est nommé le premier, comme *Cromaci*, le Cromois d'aujourd'hui, est nommé le second en raison de son importance, tandis que *Sullui*, le Sully de nos jours, arrive le dernier pour la même cause. De tout temps on a procédé ainsi en énumérant les dons d'une main généreuse à ceux qu'elle honore de ses bienfaits. Quant au Sully d'aujourd'hui, s'il a porté le nom d'*Aquilliacum* dans les vieux titres, ainsi que l'assure Courtépée, cela veut dire tout simplement que Sully dépendait d'*Aquilliacum*, comme aujourd'hui la ferme de Sully dépend de la commune et paroisse de Saint-Apollinaire.

Nous voici donc amenés à conclure que le nom primitif du village qui nous occupe, le nom qu'il porta longtemps avant celui du saint martyr de Ravenne, est *Aquilliacum*, ou *Aquilliaco*; et puisque ce nom se trouve dans un acte de donation fait au onzième siècle par le duc Robert Ier de Bourgogne, il faut reconnaître qu'à cette époque les écrits publics désignaient encore ainsi ce village.

Ajoutons toutefois que le nom de la paroisse était déjà Saint-Apollinaire, puisque le même titre l'indique en ces termes : « *Aquilliacy, Cromaci* et *Sullui,* qui appartiennent à la paroisse Saint-Apollinaire. »

Mais l'église de cet antique village a un puits dans son enceinte. Ecoutons ce qu'en dit Courtépée au siècle précédent :

« On y voit encore, avec étonnement, un puits aussi profond qu'artistement travaillé.

L'eau en est si salutaire qu'elle a passé longtemps parmi le peuple pour miraculeuse. »

Remarquons qu'il s'agit ici d'un puits, non d'une fontaine, dans le genre de celles qui se trouvent au centre du parvis, dans l'*atrium* de nos vieilles basiliques, mais d'un vrai puits « aussi profond qu'artistement travaillé. »

La présence d'un puits dans une église semble, de nos jours, une chose assez insolite.

S'il en est ainsi, si les puits sont devenus rares dans les anciennes églises, c'est parce qu'on les a bouchés, comme inutiles, depuis que le baptême se donne par infusion. Avant, c'est-à-dire tant que le baptême s'est donné par immersion, ce qui s'est pratiqué en Occident jusqu'au quatorzième siècle (1), il fallait beaucoup d'eau pour remplir les grandes cuves baptismales (2). Mais il faut le reconnaître, le

---

(1) Le père Martène cite un concile de Ravenne, de l'an 1311, qui, dit-il, commence à laisser au ministre du baptême le choix de donner ce sacrement par immersion ou par infusion.

(2) Selon l'historien Socrate, *Histoire ecclésiastique*, VII, 17, les baptistères primitifs avaient besoin d'une telle quantité d'eau que leurs réservoirs ressemblaient à des lacs. Il

besoin de ces grands amas d'eau ne suffit pas à expliquer la présence d'un puits dans l'église de Saint-Apollinaire; parce que celle-ci ne nous apparaît pas, dans l'origine, avec le caractère d'église baptismale. Il ne pouvait même pas en être ainsi, puisque ce n'est que sur la fin du sixième siècle, d'après les conciles d'Auxerre et de Meaux (1), que les églises rurales ont commencé, sur quelques points, je veux dire en quelques provinces, à avoir leur baptistère particulier.

Ce n'est donc pas la grande cuve baptismale, le *natatorium* des premiers siècles, qui a pu motiver la construction d'un puits dans l'église de Saint-Apollinaire. Dès lors, cherchons-lui un autre motif.

Le *Dictionnaire raisonné de l'architecture française* de M. Viollet-le-Duc, à l'article *Puits*, porte la mention suivante :

les appelle indifféremment : vasques, petites mers, amas d'eau où l'on peut nager : *natatoria*.
Baronius, à l'année 384, n°ˢ 24 et 25, dit la même chose, à propos du baptistère de la cathédrale de Saint-Lin, à Besançon.
(1) Voir ces conciles, à l'an 577, can. 18 et 48.

« Presque toutes les églises possèdent un puits, soit dans une crypte, soit dans un collatéral. Ces puits avaient été creusés, primitivement, pour les besoins des constructeurs. L'édifice terminé, on posait une margelle à l'orifice, et ils étaient réservés au culte. »

Le même auteur ajoute :

« Beaucoup de cryptes possèdent des puits dont les eaux passaient pour miraculeuses. On en voit encore un, fort ancien, dans la crypte de l'église de Pierrefonds, dont l'eau guérit, dit-on, des fièvres intermittentes. »

Ce texte donne deux nouveaux motifs à l'existence des puits dans les églises :

Le premier se trouve dans les besoins de la construction elle-même, et il suppose en même temps tous les besoins du culte;

Le second se trouve dans le respect du peuple envers une eau réputée miraculeuse, sur laquelle on a bâti une église; et ce second motif remplit les conditions voulues pour expliquer la présence d'un puits dans l'église de Saint-Apollinaire, puisque de temps immémorial, l'eau qu'on y trouve a passé pour miraculeuse.

Le récit du moine dijonnais le dit positivement au onzième siècle (1); et Courtépée le répète à sept siècles de distance :

« C'est à une puissance divine, dit le pieux moine, que la tradition attribue l'origine du puits de cette église : *divinitus creditur fuisse procuratum.* »

Courtépée ajoute :

« On y voit avec étonnement un puits aussi profond qu'artistement travaillé. L'eau en est si salutaire qu'elle a passé longtemps parmi les peuples pour miraculeuse (2); » et les vieillards de la localité partagent encore, à propos de ce puits, l'étonnement de l'historien de la Bourgogne (3).

---

(1) Divinitus creditur fuisse procuratum quod in eadem ecclesia Sancti Apollinaris, fons putei antiquitus institutus in parte altaris dextra, qui non minus saluberrimas quam perspicuas continet aquas; ex quibus ad Dei gloriam et martyris venerationem, tam in hominibus quam in pecoribus, cæterisque hominum necessariis rebus multimode provenire visæ salubritates. — Bolland., tome V, *ad diem jul.,* p. 357.

(2) Courtépée, tome II, p. 239-240.

(3) Un des anciens maires de Saint-Apollinaire, M. Chrétien, aujourd'hui décédé, un des esprits forts du village, parlait néanmoins du puits de son église comme d'une

Le *Bulletin d'archéologie* de Dijon, numéro de mars-avril 1885, a publié l'article suivant, où il est fait mention du puits qui nous occupe.

« A Saint-Apollinaire, on a découvert dans le sous-sol de la chapelle castrale, un remarquable bas-relief qui représente Mercure tenant le caducée, et ayant à sa droite un bouc, à ses pieds une tortue.

» On nous apprend aussi qu'une autre chapelle chrétienne était, à peu de distance, bâtie sur des ruines romaines, près d'une source miraculeuse aujourd'hui comblée. »

Le renseignement donné à l'auteur de cet article est inexact en ce qui concerne la source miraculeuse qu'il dit *aujourd'hui comblée*.

Il n'y a pas, dans tout le pays, d'autre source qualifiée miraculeuse par les auteurs, que celle de l'église actuelle. Cette source est le puits

---

œuvre surhumaine; et, pour éviter d'y admettre le miracle, il prétendait en expliquer la perforation par l'action de la foudre. Bien plus, disait-il, ce puits va jusqu'au centre de la terre; car plusieurs longs cordeaux reliés bout à bout n'ont jamais pu trouver sa profondeur.

C'est insensé, ajoutait l'honorable instituteur à qui nous devons ce détail, mais c'était son opinion.

dont nous nous occupons; et ce puits n'est pas comblé, il est simplement recouvert d'un parquet.

Le même correspondant du *Bulletin* dit qu'à Saint-Apollinaire on a trouvé des débris de statues païennes dans le voisinage de l'église; d'où il émet cette opinion : « que l'église de ce village occupe probablement l'emplacement d'un temple païen. »

Rien ne s'y oppose; et la présence d'un puits dans l'édifice ne fait au contraire que la confirmer; car il est assez ordinaire de rencontrer des sources dans les ruines des temples païens.

D'autre part, il n'y a rien d'étonnant à ce que sainte Clotilde, qui travaillait alors à la conversion de son époux, se soit complu à transformer un temple païen en église chrétienne : elle restait ainsi dans son rôle d'apôtre.

Pour conclure, nous croyons que le puits de l'église Saint-Apollinaire, honoré de la dévotion des pèlerins durant de si longs siècles, est antérieur à l'édifice qui l'abrite (1). A-t-il reçu les mêmes honneurs des païens pour sa vertu curative? c'est un secret difficile à pénétrer; mais sa vénérable antiquité nous porte à formuler le vœu de le voir revenir au jour.

(1) Il n'y a pas d'exemple de puits creusés dans les églises après la construction. Au temps du baptême par immersion, on a amené des sources d'eau du dehors. — On en trouve un exemple à Besançon; on n'y a pas construit de puits.

CHAPITRE V

L'église à son état primitif : Elle dépend du monastère Saint-Bénigne de Dijon. Le style, dans sa partie ancienne, est romano-byzantin.

Courtépée n'a que des renseignements très écourtés sur l'église de Saint-Apollinaire : « Elle est, dit-il, fort ancienne; elle a été longtemps desservie par un bénédictin sous le titre de prieur; il est probable que les habitants s'y retiraient dans les temps de guerre (1). »

Mais la charte du duc Robert Ier, de l'an 1043, dont nous avons déjà dit un mot, vient compléter les renseignements de Courtépée, en ce

(1) Tome II, p. 239.

qui concerne les rapports de cette église avec l'abbaye bénédictine.

Cette charte est rédigée en latin; sa copie est aux Archives départementales de Dijon, suivie d'un texte français du seizième siècle qui la déclare authentique (1), et qui porte en marge la note suivante :

« Pour faire aparoire que le prioré de Saint-Apollinaire est claustral, dépendant de l'abbaye monastère Saint-Bénigne de Dijon et affecté aux prébandes et profits de la dicte abbaye, et qu'il a toujours été comme doibt estre pourté par ung religieux profés de la dicte abbaye et de l'ordre de saint Benoît, et non aultre (2). »

De cette note marginale, qui résume les principales dispositions de la charte du duc Robert, il résulte :

1° Que l'église de Saint-Apollinaire est un prieuré claustral;

---

(1) La dite copie était devenue nécessaire au prieur de Saint-Apollinaire, avec sa déclaration d'authenticité, en vue d'un procès survenu quatre cents ans plus tard entre ce prieur et le monastère bénédictin.

(2) Arch. départ., let. H, lias. 79.

2° Qu'elle dépend du monastère Saint-Bénigne de Dijon *depuis toujours* ;

3° Que ses revenus sont affectés aux prébendes et profits de l'abbaye.

Mais qu'est-ce qu'un prieuré claustral ?

« Les prieurés, dit l'abbé Fyot, dont on voit un si grand nombre aujourd'hui, ont eu des origines bien différentes... Il y en a qui ont commencé par des chapelles de dévotion bâties à la campagne, auprès desquelles on a établi de petites communautés de religieux pour en avoir soin, et y entretenir la dévotion des peuples (1). »

Telle est, croyons-nous, l'origine du prieuré de Saint-Apollinaire : une église a été érigée en ce lieu par sainte Clotilde, avec une petite communauté de religieux pour la desservir. Le moine dijonnais nous présente ce prieuré comme appartenant à son monastère ; et c'est pour ne pas laisser tomber dans l'oubli les merveilles qui s'y accomplissent, que le père Abbé lui a fait transcrire les vieux parchemins dont nous

---

(1) Fyot, *Pouillé de Saint-Étienne*, p. 280.

avons donné quelques extraits au chapitre premier de ce travail.

Or nous voyons par la note marginale :

1° Que le prieuré était claustral, c'est-à-dire qu'il était habité par plusieurs moines, et non par un seul; car les prieurés claustraux, au moins dans l'origine, étaient pourvus du nombre de religieux nécessaire (deux ou trois) à la célébration journalière de l'office (1).

Le savant Thomassin, dans son grand travail sur la discipline ecclésiastique, remarque aussi qu'on donne le nom d'offices claustraux aux divers emplois des monastères : office de prieur, de prévôt, de doyen..., pour signifier que les moines pourvus de ces dignités appartiennent au cloître, en dépendent entièrement, et peuvent toujours y être rappelés en temps oppor-

---

(1) Le cardinal Ottobon, dans ses Constitutions, publiées en Angleterre en 1248, dit les périls où sont exposés les moines quand ils sont seuls; et il fait une obligation aux Abbés de leur donner toujours un compagnon. Dans le cas où les revenus ne suffiraient pas à entretenir deux religieux, l'église serait desservie par un clerc séculier. « *Quod si forte pauperes habeant ecclesias... faciant illis per sæculares clericos deserviri.* » — Thomass., *Anc. et Nouv. Discip.*, tome VII, page 5.

tun, au jugement de l'Abbé : « *libere possint ad claustrum, cum oportuerit revocari.* »

Il ajoute que ces fonctions exercées au dehors, dans les possessions du monastère, ont donné occasion à un triste relâchement de la discipline, en ce que les dignitaires, qui les possédaient temporairement, ont fini par se rendre perpétuels et indépendants. On trouve partout la confirmation de ce désordre; on la voit aussi dans les démêlés du prieur de Saint-Apollinaire avec le monastère de Saint-Bénigne (1).

2° La même note marginale nous fait savoir depuis quelle époque l'église de Saint-Apollinaire est sous la dépendance de l'abbaye dijonnaise.

Courtépée nous dit :

« Elle a été longtemps desservie par un bénédictin, sous le nom de prieur. »

La note marginale en dit plus long : écoutons-la :

« Pour faire aparoire que le prioré a *toujours*

---

(1) Voir aux Arch. départ., lettre H, 1. 79, au titre : *Arpentage des terres d'Arbessey.*

été pourté par ung religieux profés de la dicte abbaye. »

Si le titre de prieur de l'église Saint-Apollinaire a toujours été porté par un religieux profès de Saint-Bénigne, c'est que cette église a dépendu de l'abbaye bénédictine depuis toujours, c'est-à-dire depuis son origine.

Et rien n'empêche qu'il en soit ainsi, puisque la date d'érection du monastère bénédictin à Dijon se confond, à peu près, avec l'érection d'une église par l'épouse de Clovis à Saint-Apollinaire (1). Il ne faut pas oublier, néanmoins, que la charte du duc Robert ne peut rendre ce témoignage par elle-même, puisqu'elle est datée du milieu du onzième siècle (1043), mais elle peut le supposer en s'appuyant de la tradition; auquel cas elle semblerait s'être inspirée du récit du moine dijonnais lui-même, en employant des termes analogues aux siens, quand il dit de cette église : « Elle fut enri-

(1) *Le Dict. des abbay. et monastères*, de Migne, dit : « Saint-Bénigne de Dijon, Côte-d'Or, noble et antique monastère de l'ordre de Saint-Benoît, fondé au temps où Clovis régnait sur les Francs et Gondebaud sur les Bourguignons. »

chie par les libéralités royales de la fondatrice, et donnée dès le principe au monastère de Dijon (1). »

3° Enfin la note marginale ajoute :

« Que le prieuré est dépendant du monastère Saint-Bénigne de Dijon, et affecté aux prébendes et profits de l'abbaye. »

Et voici le passage correspondant de la charte ducale :

« C'est pourquoi je déclare en outre (*etiam statuo*) qu'en vue des largesses de cette aumône, des fonds seront pris sur la quantité des sommes perçues, et serviront à l'entretien de deux frères du monastère dijonnais, qui, désormais, auront toujours leur nourriture comme celle des prébendés (2). »

Il est clair par ce texte que la présente lar-

---

(1) Primitus inibi fuisse constructa... ecclesia. — Bolland., tome V, julii, p. 353.

(2) Quapropter etiam statuo ut pro istius eleemosinæ largitate benigna recompensatione, duo fratres supra solutæ quantitatis numerum, pro nostra atque prolis nostræ salute, in Divionensi congregatione semper deinceps pascantur præbenda alimonia. — Chart. du duc Rob. aux Arch. départ., lett. H, l. 79.

gesse du duc Robert envers le monastère bénédictin, par le don des trois villages de la paroisse Saint-Apollinaire, a pour effet, tout à la fois, d'enrichir l'abbaye et de subvenir aux frais de deux prébendes à perpétuité.

La conséquence est que le prieuré de Saint-Apollinaire reste sous la dépendance du monastère Saint-Bénigne avec les charges temporelles qui lui sont imposées.

De plus, si le prieuré, qui est déjà paroisse, relève du même monastère au spirituel, ce que tout indique, il faut dire qu'il est totalement sous sa dépendance.

Le *Répertoire archéologique de la Côte-d'Or*, ou *Recueil des monuments anciens de la Bourgogne*, vient confirmer ce que dit Courtépée de l'ancienneté de l'église de Saint-Apollinaire; voici ce qu'on lit à son article :

« Epoque moyen âge. — A l'église, abside en cul-de-four avec arcatures à bandes murales, flanquée sur la droite d'une absidiole; sans doute il y en avait une aussi à gauche, et l'église avait trois nefs (douzième siècle). Le reste de l'édifice est moderne. A l'intérieur, puits fort large (1). »

S'il faut admettre cette appréciation de date (douzième siècle), nous n'aurons plus guère que l'emplacement de l'édifice de sainte Clotilde, avec, peut-être, quelques pans de vieux murs au fond de l'église.

Cependant l'abside en cul-de four du sanctuaire, quand elle est peu profonde, comme à Saint-Apollinaire, serait l'indice d'une plus haute antiquité, d'après M. Caumont (2); car elle nous ramènerait au roman de la première époque; et c'était l'opinion d'un archéologue de Paris, de passage à Saint-Apollinaire il y a quelques années. Il disait de ce sanctuaire, au rapport de l'instituteur, qu'il lui rappelait *le roman le plus pur*.

Le même *Répertoire* signale, au côté droit de l'édifice, une absidiole dont la voûte a perdu, bien malheureusement, le vénérable cachet de

---

(1) *Répert. arch.* à la Biblioth. de Dijon.
(2) Voir M. Caumont, *Abécéd.*, et Bourassé, article *Cul-de-four.*

son style primitif, dans les dernières réparations faites à la chapelle de la sainte Vierge.

Nous aussi, nous croyons que cette chapelle avait son pendant du côté de l'évangile; là où se trouve aujourd'hui la sacristie, et que, par le prolongement de ces chapelles aux bas côtés, l'église avait ses trois nefs. Un mot du moine anonyme, dans son intéressante relation, nous oblige, en effet, de donner à l'ancienne église des dimensions qu'elle n'a plus aujourd'hui.

Il raconte, avec détail, comment fut puni un misérable qui s'était introduit sacrilègement dans l'église de Saint-Apollinaire, et il est amené, par circonstance, à nous en livrer le plan, surtout dans ses accessoires extérieurs; écoutons-le:

« Or il arriva vers ce temps qu'un soldat nommé Adaldus, fort dévot à saint Apollinaire, avait son domicile de propre et perpétuelle habitation dans *l'atrium de l'église*... Mais il était, comme cela se produit trop souvent par la perversité des hommes, l'objet de la haine des méchants qui voulaient sa mort. Ils en furent punis; voici comment.

» Tous les gens *de sac et de corde*, des environs et au loin, avaient été convoqués, avec intention de surprendre le gardien volontaire pendant la nuit, après avoir enfoncé la légère porte de sa demeure. Mais le dévot gardien, mis en éveil par les efforts des assaillants, avait eu le temps de se glisser hors du lit; et prévoyant qu'une lutte serait inutile en vue du grand nombre des agresseurs, il s'était réfugié dans l'église par une porte dérobée, se confiant à la puissante protection du saint martyr; puis il s'était blotti par derrière et dans l'intérieur même de l'autel (1), en attendant les événements.

» Ses cruels persécuteurs ne trouvant personne au logis malgré les plus diligentes recherches, commençaient à s'étonner, quand leur chef, un nommé Wuizo, aperçut la porte dérobée et s'écria tout joyeux : Il est là !... Il est caché dans l'église et nous allons bien l'y étrangler !...

(1) L'autel d'aujourd'hui est en bois, avec un retable assez curieux; il a une porte à son flanc droit qui permet de pénétrer à l'intérieur. C'est peut-être une imitation de l'autel primitif.

Mais cette sacrilège proposition épouvanta ses satellites, moins pervers, et les rendit muets de stupeur... Pour lui, il pénétra seul dans l'édifice sacré, en répétant d'horribles blasphèmes; puis chercha, furetant partout, l'œil ardent, les bras étendus dans la crainte d'échapper sa proie... sa haine, doublée par la colère, l'avait rendu fou !

» Or il y avait au fond de l'église, adossé au mur, un long et fort grand bahut — *arca prægrandis* — qui servait à retirer les flambeaux, les autres objets du culte, et dont le couvercle chargé de ferrures était fort lourd. Wuizo, le cruel homicide, crut y trouver celui qu'il cherchait; il en souleva le couvercle, il y introduisit sa tête, en se hissant sur la pointe des pieds pour mieux voir au fond; mais une crampe lui survint tout à coup, ses bras repliés subitement échappèrent le couvercle, sa tête fut prise dans le bahut sans qu'il lui fût possible d'appeler ni de se dégager, et quand ses compagnons, las d'attendre, se hasardèrent à pénétrer dans l'église, il était mort ! »

Mais ce châtiment exemplaire qu'il plaît à Dieu d'exercer quelquefois contre les méchants, va nous aider à reconstituer, approximativement au moins, le plan de l'église primitive de Saint-Apollinaire.

Car elle avait son *atrium* ; le récit du pieux moine en fait foi ; et cet *atrium* était d'assez grande dimension pour que le gardien y eût son habitation.

Quel était cet *atrium* ?

Reprenons, pour nous en rendre compte, le récit du moine dijonnais :

« Or il arriva vers ce temps qu'un soldat, nommé Adaldus, avait son domicile de propre et perpétuelle habitation dans l'*atrium* de l'église. »

On sait assez ce qu'était l'*atrium* dans les églises anciennes : c'était une espèce de portique couvert qui précédait l'entrée de l'édifice chrétien. Sa principale destination était d'abriter les catéchumènes et les pénitents, quand ils quittaient la sainte assemblée, à la voix du diacre, après avoir entendu l'instruction. Ses dimensions devaient correspondre à celles de l'église, dans la proportion d'un tiers environ, sur la longueur de la nef. Celle-ci avait trois portes d'entrée pour le service des fidèles des deux sexes : une à droite, pour les hommes ; une autre à gauche, pour les femmes ; et une troisième au milieu pour les catéchumènes. Plus tard, quand le paganisme fut heureusement vaincu, et que l'usage de baptiser les enfants à leur naissance fut établi, l'*atrium* n'eut pas la même importance, non plus que les trois portes de communication qui le reliaient à l'église. Alors on put utiliser ses constructions pour le logement d'un gardien, comme on le voit dans le récit du pieux moine.

Nous pouvons donc, avec ces simples données, reconstituer par la pensée, ainsi qu'il suit, le plan primitif de la basilique royale de sainte Clotilde :

Une abside romane au fond de la nef principale ; deux absidioles de même style, formant chapelles à droite et à gauche, avec les bas côtés correspondants ; un puits très profond, toujours existant, au côté droit de la grande nef, en avant du sanctuaire ; puis, en dehors du portail, un *atrium* utilisé dans la suite pour le logement du gardien.

CHAPITRE VI

La Charte du duc Robert : Elle donne les droits de *sauvement* des trois villages qui composent la paroisse de Saint-Apollinaire. — Ce qu'il faut entendre par sauvement et par pitances sérotines.

Les Archives départementales de Dijon nous ont gardé la copie authentique d'un parchemin du onzième siècle qui intéresse le prieuré de Saint-Apollinaire : c'est la charte du duc Robert Ier de Bourgogne, datée de 1043.

Pérard l'a reproduite dans son *Recueil des pièces curieuses*; nous l'avons citée plusieurs fois au cours de ce travail, et nous croyons utile d'en donner ici le texte, avec un mot d'explication; elle s'énonce ainsi :

« Au nom du Dieu éternel, et de Jésus-

Christ, Notre Rédempteur, Moi, Robert, Duc et Recteur de la Bourgogne, J'ai dit :

» Puisque la voix divine, dans ses bons conseils, ordonne aux sages de ce siècle de se faire des amis avec les richesses d'iniquité, pour qu'après leur trépas ils soient reçus dans les Tabernacles éternels; puisque l'œuvre faite en vue de Jésus-Christ revêt une excellence digne d'une mémoire éternelle, et que même le verre d'eau froide, offert au pauvre en vue de Dieu, procure à son auteur la bénédiction incomparable d'être délivré de la mort et des peines de l'enfer, tous les cœurs des fidèles doivent s'éprendre d'une tendre piété pour ces saintes œuvres, et faire le possible, selon leurs moyens, pour les pratiquer. Car le principal et le meilleur de notre gloire, c'est assurément que plus la société chrétienne l'emporte sur toutes les autres, plus aussi nous devons être prêts à procurer, volontiers et promptement, l'honneur du Christ Rédempteur, dans le service de sa sainte Église. Alors, en effet, chacun des princes s'applique noblement à gouverner ses peuples sous la disposition des lois justes et stables de l'Église, et travaille au bien de ses sujets en affermissant son autorité par des privilèges honnêtes et durables.

» Considérant donc que tout cela est juste et salutaire pour ceux que travaillent les soucis de ce monde, je veux faire connaître à tous ceux qui sont sous ma domination, aux puissances de l'ordre militaire du siècle présent et de l'avenir, ainsi qu'à tous les ordres ecclésiastiques et religieux, que Moi, Robert, fils du roi des Francs, Robert, de même nom, par l'inspiration de Dieu et du consentement de mon épouse et des grands de ma maison, j'ai résolu d'offrir, j'offre, je donne et je livre les droits de *Sauvement* des trois villages suivants, savoir : Aquilly, Cromaci et Sully, qui dépendent de la paroisse Saint-Apollinaire ; je les donne en totalité au bienheureux Bénigne, patron du monastère dijonnais; et, de ma propre autorité, je transfère aux susdits Recteurs de ce saint lieu (*præfatis sancti loci Rectoribus*), à perpétuité, et aux frères qui y servent Dieu, mes droits de propriété sur ces villages pour toujours, du consentement de nos fils, savoir :

7

Hugon et Henri...... Quant à moi, ce don, je le fais aux glorieux saints martyrs Bénigne et Apollinaire, et à leurs serviteurs ; je le fais, dis-je, en vue de venir en aide, temporellement, à ceux qui servent Dieu en ce lieu, sous leurs noms, pour attirer leur protection sur les âmes de nos parents défunts, et aussi pour que ce don soit à moi, à mon épouse déjà nommée, ainsi qu'à nos enfants, un gage de salut éternel.

» C'est pourquoi je décrète qu'en vue des largesses de cette aumône et pour sa bénigne reconnaissance, les fonds nécessaires à établir une prébende pour la subsistance de *deux frères* de la congrégation dijonnaise, seront pris sur le revenu des droits susdits, après recouvrement (*supra solutæ quantitatis numerum*) et serviront à leur entretien pour notre salut et celui de nos enfants.

» Et s'il arrive que quelque puissant personnage parmi nos héritiers ose attenter à ces présentes dispositions, que pour cette criminelle tentative il soit abandonné au redoutable jugement de Dieu, et condamné, en outre, à payer *cent livres d'or*, du premier titre, au monastère qu'il aura ainsi lésé. J'ai dit *cent livres* pour le tort matériel ; mais pour le dommage spirituel qu'il aura porté aux âmes des défunts, non seulement je réprouve son acte, mais j'abandonne le coupable au terrible jugement de Jésus-Christ, et je proteste que nul Roi, ni Duc, ni Évêque, ni Comte, ni même aucun des Abbés du monastère Saint-Bénigne ne pourra jamais détourner, pour son usage personnel, rien de ce que je destine à ces saintes œuvres et dont la dotation reste stable et perpétuelle. »

Suit la mention des serments faits sur les saints Évangiles, par toute la maison du duc, avec les signatures et les dates.

Telle est la charte du duc Robert ; mais elle a plusieurs obscurités qui en rendent l'intelligence difficile.

Son but général est de favoriser l'abbaye dijonnaise bénédictine par une donation.

Cette donation est annoncée comme faite à l'abbaye Saint-Bénigne ;

Elle consiste principalement dans les droits de *sauvement* sur trois villages de la paroisse

Saint-Apollinaire, qui, de ce fait, semble dépouillée au profit de l'abbaye bénédictine. Ce qui n'empêche pas le duc donateur d'annoncer qu'il entend favoriser également les deux saints martyrs, Bénigne et Apollinaire, et ceux qui les servent, c'est-à-dire, les religieux bénédictins de Dijon :

« Et ce don, dit-il, je le fais aux glorieux saints martyrs Bénigne et Apollinaire, et à ceux qui les servent, en vue de leur venir en aide temporellement, afin d'attirer davantage leur protection sur moi et sur les âmes de mes parents défunts; et aussi afin que ce don soit pour moi, pour mon épouse et pour mes enfants, un gage de salut éternel. »

Ainsi les deux martyrs désignés dans cet acte public sont mis sur le même rang. C'est à tous les deux, à Saint-Bénigne et à Saint-Apollinaire, à ce dernier comme au premier, que le don du duc Robert est fait, et les moines qui vivent au monastère dijonnais, ceux qui vont recueillir le bénéfice des *sauvements* annoncés, nous apparaissent comme les enfants spirituels de ces deux saints martyrs. C'est là, ce nous semble, le sens qui résulte des mots : *eis servientibus*. La dévotion à saint Apollinaire était donc assez grande, en ce temps-là, dans le monastère bénédictin de Dijon, pour aller de pair avec celle de saint Bénigne et en faire comme un second patron. Mais alors on peut dire que les biens temporels et spirituels étaient communs entre eux, et, dès lors, il n'y a plus lieu de penser que l'un fut dépouillé au profit de l'autre.

La même idée ressort également du récit de notre anonyme, quand il raconte, au début, la vision où saint Apollinaire dit qu'on l'a *uni à la société des religieux dijonnais*, en introduisant son nom dans leurs litanies, *à côté de celui de saint Bénigne*.

Une autre difficulté que présente la lecture de cette charte, c'est celle des droits dits : *de sauvement*.

Que faut-il entendre par les droits seigneuriaux de cette nature?

Le Glossaire de Ducange a plusieurs explications de ce mot, tirées ordinairement des actes des châtelains féodaux à diverses époques.

Un capitulaire de Charles le Chauve, au tit. 26, part. 2, ch. 5, porte la mention suivante :

« Nous voulons que vous et tous nos hommes fidèles soient soumis à la même loi et droiture, et *au même sauvement*, dans tous nos royaumes, comme l'ont été vos prédécesseurs au temps de nos ancêtres. »

Ce que le Glossaire fait précéder de ces trois mots : *Tutela, Immunitas, Protectio*, comme explication (1).

La tutèle, *tutela*, exprime l'action vigilante du tuteur vis-à-vis de l'orphelin ; le mot *immunitas*, de *non munitus*, exprime tout à la fois, de la part du faible, l'absence et le désir des moyens de défense ; le mot *protectio* indique le rôle d'un défenseur vis-à-vis des subordonnés. Et tout cela, au moyen âge, paraît se résumer dans ce mot : *Salvamentum*.

---

(1) Salvamentum : tutela, immunitas, protectio. Capit. Caroli C. — Tit. 26, part. 2, ch. 5.
Volumus ut vos et cæteri homines fideles nostri talem legem et rectitudinem et tale salvamentum in regnis nostris habeatis, sicut antecessores vestri tempore antecessorum nostrorum habuerunt.

Une charte de Guillaume, comte de Nevers, de l'an 1165, citée par le même Ducange, et tirée des Archives de Saint-Germain-l'Auxerrois, porte ce qui suit :

« Le sieur Bucardus a le sauvement dans tous les vergers (*ochiis*) qui ont une habitation (1); mais si les habitants et les foyers ont disparu, il n'a plus qu'un droit de *demi-sauvement* (*medietatem salvamenti*), dans l'année de culture, après que la semence a poussé... » — Puis le texte ajoute : « Le sauvement, c'est une émine d'avoine par verger (*in ochia*); plus deux deniers et un pain. Si le pain manque, on le remplace par un présent (2). »

---

(1) Nous tradusions *ochia* par verger, à cause de l'explication suivante de Ducange : *Ochia, hortus quoque vel pomarium ita pariter clausum.*

(2) Charta Guill. Comit. Niver. an. 1165, ex tabular. S^{ti} Germ. Antissiod.

Salvamentum habet dom. Bucardus in ochiis illis in quibus focus est. Quæ si hospite et foco vacuatæ fuerint, medietatem salvamenti in anno tantummodo habebit quo seminibus jactis cultæ fuerint. Omnes ochias hospite et foco vacuas *carruca* S^{ti} Germani libere excolit, et tunc de illis salvamentum non habebit. Si iterum hospes ibi missus fuerit salvamentum similiter habebit. — Salvamentum est mina avenæ in ochia, et duo denarii, et unus panis. Si panis non erit, munus pro pane dabitur.

Ici le sauvement nous apparaît sous sa forme passive, je veux dire, dans les charges qu'il impose aux gens de la glèbe.

Le même Glossaire donne encore le texte suivant qui résume les charges et les avantages du droit de sauvement :

« Le sauvement est la même chose que le *Vintenum,* ce droit de propriétaire du fonds en vertu duquel le seigneur perçoit la vingtième partie des fruits sur les terres de ses vassaux; à charge pour lui de réparer à ses frais les remparts des lieux fortifiés, pour y abriter ses sujets contre les incursions des ennemis (1). »

Une troisième difficulté que présente la charte du duc Robert, provient des deux prébendes qu'elle institue en faveur de deux moines du monastère dijonnais, dans les termes suivants :

« Je décrète qu'en vue des largesses de cette aumône, et pour sa bénigne reconnaissance, les

---

(1) Salvamentum, idem quod vintenum, quo jure dom. fundi percipit vicesimum fructuum in terris vassalorum, eoque tenetur muros castrorum reficere suis sumptibus, ad subditos suos ab hostium incursibus servandos.

fonds nécessaires à établir une prébende pour la subsistance de deux frères de la congrégation dijonnaise, seront pris sur le revenu des droits susdits, après recouvrement, et serviront à leur entretien, pour notre salut et celui de nos enfants. »

Puisque les droits de sauvement des trois villages, avec les revenus qui en découlent, ont été donnés au monastère de Dijon, sous les noms des deux saints martyrs, Bénigne et Apollinaire, on se demande quel motif a pu déterminer le duc Robert à réserver, sur ce don, une double prébende en faveur de deux religieux d'un monastère qui allait jouir du don tout entier.

Peut-être faut-il dire que le duc avait un double motif d'en agir ainsi :

1° Celui de favoriser, par ces deux prébendes, la loi canonique qui ne voulait pas moins de deux religieux pour le service et la garde d'un prieuré;

2° Celui de perpétuer plus efficacement, en l'accentuant davantage, son pieux dessein vis-à-vis des membres de sa famille. Ce serait alors une sorte de redondance de la part du duc, comme s'il disait : « Ce don, je le fais en faveur des vivants et des défunts de ma maison ; mais pour que la mémoire en reste perpétuellement vivante, je décrète qu'une double prébende sera instituée à son occasion, avec mission spéciale de prier journellement selon mes intentions. »

Nous avons déjà remarqué que cette charte donne le nom du pays et celui de la paroisse, en les distinguant l'un de l'autre. Le nom du pays est : Aquilly; le nom de la paroisse est : Saint-Apollinaire. Les deux documents du onzième siècle que nous possédons : la charte du duc et le récit du moine dijonnais, portent ces deux mêmes noms. Ils nous montrent la paroisse plus étendue que le pays et fort dévote au saint martyr de Ravenne. D'où l'on peut conclure, comme nous l'avons fait dès le début de ce travail, au chapitre III, que le village doit à la dévotion des pèlerins d'avoir vu le nom de Saint-Apollinaire se substituer graduellement à celui d'Aquilly.

Mais on trouve une charte antérieure de Charles le Chauve, de l'an 869, publiée par

Pérard, dans ses *Pièces curieuses*, qui refuse le titre de paroisse à Saint-Apollinaire : Elle ne lui donne que le titre de chapelle sous le nom d'Aquilly.

Cette charte fut provoquée par la demande des subsides destinés aux réparations de l'abbaye bénédictine de Dijon; demande faite, à cette époque, par l'évêque de Langres, Isaac. Elle désigne tous les villages, et ils sont nombreux, sur lesquels des droits seigneuriaux sont conférés à l'abbaye, avec cette destination. On y voit figurer Cromoi pour deux colonies, ou petites fermes, « *in Cromaco* colonias II »; et Aquilly pour une chapelle, avec une mense et demie, « *in Aquiliaco capellam cum manso uno et semis* ». Cela prouve que le pays portait le nom d'Aquilly au neuvième siècle; et que la chapelle ainsi visée n'avait pas de titre paroissial.

Mais s'agit-il là de l'église de sainte Clotilde ?

Nous répondons : Non, avec assurance, en nous basant sur les motifs suivants :

1° Le monument commémoratif de sainte Clotilde porte partout le nom d'église, ou celui de basilique. — « In Burgundiæ partibus, in pago Divionensi... consecrata habetur *ecclesia*. » (Bolland, tom. V, du mois de juillet, p. 353.) — Et, un peu plus loin : « Fertur namque... antiquorum relatione eadem *ecclesia*... » Et six lignes plus loin : « Reliquiæ martyris... in eadem *Basiliqua* sunt collocata, » — termes qui indiquent assez que le monument de sainte Clotilde est plus qu'une chapelle.

Dans le langage ordinaire, dit Bourassé, on entend par chapelle « un édifice qui n'est ni cathédrale, ni paroissiale, ni priorale, et qui, dans sa construction, est un diminutif d'église. » (Bourassé, tom. I, p. 919.)

2° Cette église, ce monument commémoratif, nous apparaît doté royalement, « tam ex regia liberalitate quam ex largitione pontificum langonicæ sedis » (Boll., *ibidem*); tandis que la chapelle qui figure dans la charte de Charles le Chauve n'a pour tout revenu qu'*une mense et demie*; « capellam cum manso et semis (1). »

---

(1) Il nous serait difficile d'apprécier exactement la valeur de la mense dans le cas présent, mais nous pourrons

3° Le récit du moine anonyme donne le nom de basilique au monument de sainte Clotilde, nous venons de le voir, dans les termes suivants : « Præfati martyris... pignora in eadem *Basilica* sunt collocata. »

C'est donc encore le terme basilique qui sert à désigner le monument de sainte Clotilde, exclusivement à celui de chapelle; mais que faut-il entendre par basilique ?

L'abbé Martigny va nous le dire.

« Il y a, dit-il, des exemples d'églises fort modestes, et même de simples chapelles qui portent ce nom dans les vieux auteurs, mais, ajoute-t-il, *il est constant* que, en général, ce titre était réservé soit aux temples d'une plus grande magnificence, soit aux basiliques profanes qui l'avaient conservé après leur consécration au

---

le faire, approximativement, par comparaison de ce qui se faisait en Bourgogne au temps de saint Guillaume.

On trouve à la page 176 des *Pièces curieuses* de Pérard, un acte du vénérable Guillaume, Abbé de Saint-Bénigne, par lequel le bénéfice d'une terre, sise à Verrey, de la valeur *de VIII menses*, est concédé au moine Girard... en récompense de ses services envers l'abbaye. Cela suffit à nous indiquer ce que pouvait être le modeste revenu d'une mense et demie

culte catholique. » — (Martigny, *Dict. des antiq. chr.*, art. *Basiliq.*)

4° Enfin, cette petite chapelle, qui figure au diplôme de Charles le Chauve comme donnée au monastère bénédictin en l'an 869, ne peut être l'église basilicale de sainte Clotilde par la simple raison que celle-ci lui appartenait déjà, lui ayant été donnée dès le principe : « Quæ nimirum ecclesia... data est monasterio Divionensi, quod ædificatum antiquitus, etc., » ainsi que nous l'avons vu à la page 5 de cette Notice, et que chacun peut le contrôler au tome V de juillet, p. 353 des Grands Bollandistes.

D'où nous pouvons conclure que les titres d'église et de basilique par lesquels on a toujours désigné le monument commémoratif de sainte Clotilde, et les dons somptueux dont l'enrichirent les rois et les évêques de Langres, ne permettent pas de la reconnaître dans cette pauvre chapelle d'une mense et demie. Evidemment il s'agit là, dans la charte de Charles le Chauve, d'une chapelle des champs de bien moindre importance, dont le souvenir a disparu.

Dans la première partie de cette Notice, nous nous sommes proposé principalement :

1° De relever l'erreur des auteurs du dix-huitième siècle qui ont placé, au vallon étroit de Fleurey, la célèbre bataille des Francs contre les Bourguignons;

2° De rendre à l'église de Saint-Apollinaire la gloire qui lui revient de son origine royale.

Nous croyons avoir suffisamment rempli cette tâche.

Essayons maintenant, dans une seconde partie, de dire les rapports du prieuré-cure, et du village de Saint-Apollinaire, avec les diverses autorités sous la juridiction desquelles ils ont vécu à travers les siècles.

SECONDE PARTIE

CHAPITRE Ier

Saint Jean de Réome envoie une colonie de ses moines à Dijon. — Diplôme du roi Clovis. — Règle de saint Macaire, de saint Colomban et de saint Benoît.

Nous avons dit l'origine du prieuré de Saint-Apollinaire en commençant ce travail :

« C'est en mémoire de la victoire de Clovis contre Gondebaud que l'église de ce village a été érigée par sainte Clotilde, avec une petite communauté de religieux pour la desservir. »

Quel monastère a fourni ces religieux ?

Le cinquième siècle a vu, dès son début, un noble dijonnais, un saint, fils d'un autre saint, laisser à vingt ans les séductions du monde, pour chercher la solitude dans les forêts alors inaccessibles de l'Auxois; c'est saint Jean, surnommé « de Réome », lieu de sa retraite. Il fut aussi le premier instituteur de la vie monastique en Bourgogne, précédant de près d'un siècle (1) l'œuvre similaire de saint Benoît, qui devait plus tard absorber tous les monastères de l'Occident.

On sait, de plus, que la découverte du tombeau de saint Bénigne par saint Grégoire, évêque de Langres, remonte à la première année de son épiscopat, c'est-à-dire à l'an 507, et que la dédicace de l'église édifiée sur le sé-

---

(1) Saint Jean de Réome naquit à Dijon vers l'an 425. Il fonda, avec quelques disciples, le monastère de Réome, sur la rivière de ce nom, vers l'an 445.

Saint Benoît naquit à Nursi, duché de Spolette, vers l'an 480; et il mourut au mont Cassin en 543, un an après la mission de saint Maur en France.

De l'an 445, époque de la fondation de Réome, à l'an 480, époque de la naissance de saint Benoît, il y a 35 ans. Il faut donc dire que le monastère de Réome a commencé 35 ans avant la naissance de saint Benoît.

Nous savons d'ailleurs, par l'histoire des Ordres religieux, que la règle de saint Benoît n'a été apportée en France qu'en l'an 542, par saint Maur, c'est-à-dire 97 ans après la fondation de Réome par saint Jean. — *Dict. de biog.* de Mig. et *Dict. des Ordres religieux*, par Hélyot.

pulcre de l'apôtre de la Bourgogne se rapporte à l'an 511.

Cette même année est celle de la mort du grand Clovis, et puisque l'église de Saint-Apollinaire était destinée à perpétuer le souvenir de sa victoire sur Gondebaud, il semble naturel d'en faire remonter l'érection avant l'an 511, avec l'adjonction du prieuré pour la desservir.

C'est donc vers cette époque, 511, qu'il convient de placer la fondation du prieuré de Saint-Apollinaire par sainte Clotilde, sous l'autorité de l'évêque de Langres, saint Grégoire.

Mais à quels religieux celui-ci confia-t-il la garde des deux basiliques qui paraissent s'être élevées simultanément, à Saint-Apollinaire, sur le champ de bataille de Clovis, et à Dijon, sur le tombeau de saint Bénigne?

Il ne pouvait pas alors être question des enfants de saint Benoît, puisqu'ils n'arrivèrent que plus tard à Glanfeuil, sous la conduite de saint Maur; mais saint Grégoire avait sous sa main la jeune famille spirituelle de saint Jean de Réome, l'humble fugitif de Lérins, qui venait de reprendre sa crosse abbatiale, vaincu par les objurgations de son évêque (1).

Ainsi c'est au pieux sénateur dijonnais, devenu moine, que le saint évêque de Langres confia, dans l'origine, la glorieuse mission de garder la basilique qu'il venait d'élever sur le tombeau de saint Bénigne; et puisque, à la même époque et au même lieu, il se présentait une mission semblable à remplir envers la basilique royale de Saint-Apollinaire, il y a tout lieu de croire que le service spirituel de celle-ci fut encore, et dès lors, confié aux religieux du même monastère. On peut d'ailleurs le conclure légitimement du simple récit du moine anonyme du onzième siècle, tel que nous l'avons donné au chapitre Ier de la première partie de ce travail.

(1) Le nombre des religieux augmentant, le fardeau du commandement effraya le saint fondateur. Il s'enfuit en secret, accompagné de deux disciples, et alla se cacher parmi les solitaires de Lérins. Il y fut découvert après dix-huit mois de séjour, et obligé de rentrer à Réome :

« Hâtez-vous, je vous en conjure, de revenir au milieu des enfants que vous avez abandonnés. Si vous rejetez ma prière, craignez le jugement de Dieu ! » — Petits Bolland., t. II, p. 75, à la vie de saint Jean, — et t. XIII, p. 213, à la vie de saint Grég., év. de Langres.

Car nous y avons vu que « *l'église de Saint-Apollinaire*, enrichie des libéralités royales de sainte Clotilde et des évêques de Langres, *avait été donnée* à ce monastère de Dijon, édifié, dans l'origine, en l'honneur... de l'apôtre et martyr saint Bénigne (1). »

Et si le monastère susdit a eu dès les temps anciens (*antiquitus*), la charge de l'église de Saint-Apollinaire, c'est que, évidemment aussi, et depuis les temps anciens, c'est-à-dire dès l'origine, le service spirituel de cette église lui était confié.

Nous savons encore, par la Chronique de Saint-Bénigne, que saint Jean de Réome envoya ses moines au monastère de Dijon sous la conduite de saint Eustade, qui en fut le premier Abbé; et Mgr Bougaud le constate dans son étude sur Saint-Bénigne. Or ce choix ne pouvait manquer d'être très agréable au saint évêque

---

(1) Quæ nimirum ecclesia tam ex *regia liberalitate* quam etiam Langonicæ sedis pontificum largitione, *data est* monasterio Divionensi *quod ædificatum antiquitus* fuisse constat in honore... martyris Benigni. — Bolland., t. V julii, p. 352.

de Langres, à cause des vertus éminentes d'Eustade d'abord; puis aussi parce que cet Eustade était de sa famille, de son sang, et son propre fils.

Saint Grégoire, personne ne l'ignore, avait été préfet d'Autun avant d'entrer dans les ordres sacrés; et, à cette époque, il avait épousé une noble et sainte femme, Armentaria, dont il avait eu deux fils qui furent deux saints : Tétric, l'aîné; et Eustade, le cadet. Celui-ci eut la garde du tombeau de saint Bénigne, comme premier Abbé du monastère bénédictin.

On comprend, dès lors, combien le saint évêque de Langres devait être disposé à doubler ses largesses envers le monastère dijonnais en lui soumettant, dès l'origine, un prieuré enrichi des *dons royaux de sainte Clotilde,* ainsi que nous venons de le voir.

Mais le *Gallia Christiana,* au tome IV, colonne 658, nous apprend que la règle imposée primitivement aux disciples de saint Jean de Réome fut celle de saint Macaire, et il ajoute : « comme on le conclut d'un diplôme du roi Clovis Ier. »

Ce diplôme est cité et expliqué dans l'*Histoire de Moutiers-Saint-Jean*, par le jésuite Rovier (1); et il se rattache à notre sujet par plus d'un point. Il signale la sainte vie des premiers moines dans nos pays; il donne les plus intéressants détails sur la sainteté et sur l'influence considérables du fondateur du monastère et du prieuré qui nous occupe; il est, de plus, devenu aussi rare que le sont aujourd'hui les actes publics de cette lointaine époque. A tous

---

(1) M. de Montalembert a imprimé : Royer, et il a été imité par quelques auteurs. C'est néanmoins le même personnage, Rovier (Pierre), en latin *Roverius*, né en 1573, à Avignon. Il professa la philosophie dans cette ville ; enseigna la théologie et l'Ecriture sainte ; fut pendant vingt-cinq ans préfet des études à Paris; est l'auteur d'un panégyrique du roi Henri IV, prononcé à Dijon à l'occasion du rétablissement du collège des Godrans. (Dict. de Mig.)

Le même Rovier, sous le nom de Roveriers, auteur du *Réomaus*, est cité par Courtépée, t. II, p. 146, parmi les professeurs qui ont illustré le collège des Godrans.

Le même Courtépée, t. III, p. 546, parle ainsi du monastère de Réome : « Il fut d'abord sous la règle de saint Macaire, et en 659, sous celle de saint Colomban, introduite par Hunna, VIIe Abbé. — Le père Rovier a donné en latin l'histoire de cette abbaye. — Un moine du lieu l'écrivit trente ans après la mort du fondateur, d'un style simple, clair et concis, copié ensuite par Grég. de Tours. — L'abbé Jonas la retoucha cent ans après. C'est cette vie ainsi remaniée que le père Rovier publia en 1637.

ces titres nous croyons faire œuvre utile d'en reproduire le texte :

Clovis, Roi des Francs, homme Illustre (1) !

« C'est un grand honneur pour nous d'acquérir l'amitié des serviteurs de Dieu, dont les vertus font notre gloire, dont les prières font notre défense et dont la soumission nous rend plus vénérables; et nous avons confiance de voir croître par leurs mérites la perpétuelle prospérité de notre royaume, comme aussi d'obtenir, avec la gloire de ce siècle, celle de la patrie céleste.

---

(1) Le diplôme de Clovis figure au n° 1ᵉʳ des *Pièces curieuses* de Pérard. Il est suivi de la mention suivante:
« Quelques personnes doctes, dont j'estime la censure, ont eu de la peine à consentir à la vérité de cette charte... Mais outre qu'elle se trouve originale dans la Chambre des comptes de Dijon, en la manière qu'elle est ici rapportée, c'est qu'il y a titre pour justifier qu'on s'en est servi il y a trois cents ans, et qu'elle a été reconnue en justice. Cela se justifie par le procès-verbal de Robert Berfumé, garde de la prévôté de Villeneuve-le-Roi, qui, le vendredi d'avant Noël, l'an 1324, mit en la main du Roi la garde et le temporel de l'abbaye nommée en latin *Reomaus*... en vertu, ce sont ses propres termes, de lettres anciennes du temps de Clodove, premier roi chrétien de France, et de Clotarius, son fils, esquelles est contenu: que l'abbaye de Moutiers-Saint-Jean est de leur fondation, dont j'ai vu les originals.»

» C'est pourquoi, à tous les évêques, à tous les Abbés, à tous nos hommes illustres : nos Ducs, nos Comtes... et à tous ceux à qui incombe le soin de l'Eglise de Dieu par tout notre royaume, dans le présent comme dans l'avenir, Nous faisons savoir :

» Que le Seigneur Jean, Illustre par ses vertus, qui a élu son domicile dans la contrée du Tonnerrois connue sous le nom de Réome, pour y vivre sous la règle de saint Macaire, avec les moines ses disciples, dans la première année des gloires de notre Baptême, et de la soumission des Gaules (1) à notre Empire, Nous a transmis la prière d'affermir son monastère par diverses franchises et immunités perpétuelles, auprès de nous comme auprès des rois nos successeurs.

(1) Le jésuite Rovier, dans les explications qui suivent le diplôme de Clovis, s'exprime ainsi :

« Puisque, dès lors, le terme de Gaulois était d'un fréquent usage, surtout pour désigner ceux qui habitaient les provinces lyonnaises, je ne doute pas que cette première année de la soumission des Gaulois qui, dans le diplôme de Clovis, concourt avec la première année de son baptême, ne doive s'entendre de l'année dans laquelle, tout après son baptême, il a vaincu Gondebaud, roi de Bourgogne, et l'a fait son tributaire. »

» En conséquence de ce bon désir, nous déclarons vouloir honorer comme un patron particulier celui dont nous croyons que les mérites nous ont obtenu la faveur de vaincre tous nos ennemis; et Nous voulons que tout le terrain qu'il pourra parcourir en un jour, étant monté sur son âne, autour de sa demeure qui nous est signalée et recommandée, devienne sa propriété à perpétuité, par le don de notre royale munificence; ce que nous lui assurons par droit d'héritage, en notre nom, comme au nom des rois nos successeurs, en toute immunité, sécurité, défense et protection; et nous déclarons qu'en vue des mérites d'un si saint Père, il sera affranchi de toute domination de la part des puissances du siècle et de l'Eglise.

» Quant aux moines qui habitent ou qui habiteront les diverses cellules de ce lieu, Nous voulons que tout leur nécessaire, selon leur nombre, soit fourni par Nous, et par les rois nos successeurs, sur les revenus royaux, pour leur alimentation.

» En vue de quoi Nous avons donné ces

lettres, munies de notre sceau, au Seigneur Jean Notre Patron. »

Telle est, dans sa première partie, la principale, le diplôme du grand Clovis à saint Jean de Réome. Il est suivi d'explications destinées à satisfaire la critique sur les coutumes qu'il signale, et sur plusieurs expressions qu'il emploie.

Quant au fait dominant qui nous intéresse ici, celui du monastère à qui fut confiée, dans l'origine, la garde du prieuré de Saint-Apollinaire, il est incontestable qu'il faut répondre : C'est le monastère de Saint-Bénigne de Dijon, au temps où saint Jean de Réome y formait ses disciples aux vertus monastiques sous la règle de saint Macaire.

Nous verrons tout à l'heure que s'il n'est plus guère possible de fixer sûrement les diverses phases de la vie monastique au couvent de Saint-Bénigne à Dijon, et dans les prieurés de sa dépendance, il faut au moins reconnaître qu'on y a pratiqué successivement, avant la règle bénédictine, celle de saint Macaire et, très probablement aussi, celle de saint Colomban.

Que la règle plus ancienne de saint Macaire ait été en honneur à Saint-Bénigne, nous le concluons du *Dictionnaire des abbayes et monastères,* page 95, où nous lisons : Que saint Grégoire de Langres, après l'invention du tombeau de saint Bénigne et la construction du monastère destiné à le garder, y rassembla des moines *pris dans le voisinage.*

Ces moines du voisinage de Dijon ne pouvaient être que ceux de Moutiers-Saint-Jean. Il n'y en avait pas d'autres; l'abbaye de Saint-Seine étant du même ordre, et celle de Bèze n'ayant été fondée que plusieurs années après la mort du saint évêque de Langres.

Or nous savons par l'*Histoire des Ordres religieux* du père Hélyot, et par le diplôme de Clovis, que la règle de saint Macaire était en vigueur à Moutiers-Saint-Jean; dès lors il n'est plus permis de douter que cette règle n'ait été apportée à Saint-Bénigne par les premiers disciples de saint Jean de Réome.

Mais quelle était cette règle?

On n'en connaît guère que les dispositions générales; car en Orient comme en Occident au cinquième et au commencement du sixième siècle, il y avait presque autant de règles que de monastères (1). Il y avait des règles écrites; d'autres étaient venues par la tradition des anciens. Toutes tendaient à une même fin : songer uniquement à Dieu et s'occuper des choses spirituelles. L'humilité, l'obéissance et l'immolation de la volonté en étaient la base. Le monastère de Lérins, en Bourgogne, celui de Saint-Jean de Réome et celui de Saint-Seine, ont commencé par suivre cette règle. On y jeûnait tous les jours, à l'exception du dimanche et du temps pascal. De plus, le silence y était perpétuel et l'hospitalité en honneur.

Le costume des religieux de Saint-Macaire consistait en une longue robe de drap bleu, un capuce et un scapulaire noirs; leur tête était couverte d'une grande calotte noire qui leur couvrait les oreilles, en forme de clémentine.

---

(1) Cassien, lib. *de Instit.*, ch. II. — *Tot propemodum typos ac regulas usurpatas vidimus quot monasteria conspeximus.* — Cité par M. de Montalembert, *Moines d'Occident.*, t. I, p. 286.

C'était aussi, à peu près, le costume des religieux de Saint-Antoine (1).

Mais la règle de saint Colomban a succédé à celle de saint Macaire dans tous les monastères des Gaules, à commencer par le premier de tous qui fut celui de Saint-Jean de Réome.

En effet, Courtépée, au tome III, page 646, donne le renseignement suivant, d'après le jésuite Rovier :

« La règle de saint Colomban fut introduite au monastère de Réome sous l'abbé Hunna, en l'an 659; » quarante-quatre ans après la mort de Colomban et soixante-dix ans après la fondation de Luxeuil.

Faut-il en conclure qu'à partir de la même époque la règle du moine irlandais fut également adoptée au monastère de Dijon, de fondation *réomoise*, et dans les prieurés de sa dépendance?

Nous n'en avons pas de preuves positives; mais il semble qu'on peut le conclure des récits de divers auteurs sérieux.

---

(1) *Dict. des Ordres religieux.*

Le *Dictionnaire des Ordres religieux* d'Hélyot, dans sa dissertation préliminaire, tome Ier, page 148, s'exprime ainsi :

« Colomban étant sorti d'Irlande avec douze compagnons, au septième siècle, fonda la fameuse abbaye de Luxeuil, dans le comté de Bourgogne, dont la communauté fut si nombreuse qu'on y chantait jour et nuit, sans interruption, les louanges de Dieu. Son Ordre se répandit ensuite *par toute la France*... Plus tard le relâchement s'y étant introduit... l'Ordre de Saint-Benoît envoya de ses meilleurs sujets dans plusieurs monastères de celui de Colomban pour y rétablir la discipline régulière; et dans quelques-uns de ces monastères les règles des deux saints furent observées conjointement. »

Par où nous voyons que les observances du moine irlandais, implantées en France par ses fondations et par une première réforme de Moutiers, se sont propagées rapidement dans tout notre pays, et que la règle de saint Benoît n'a fini par y dominer qu'après avoir été observée conjointement dans les monastères avec celle de saint Colomban.

Le même dictionnaire, tome I, page 1056, confirme cette appréciation ainsi qu'il suit :

« Jusqu'au huitième siècle on trouve les règles des deux patriarches de l'Ordre monastique en Occident, saint Benoît et saint Colomban, observées conjointement dans les monastères. Il en est ainsi au monastère de Saint-Basle, en 620 ; à celui de Bèze, en 629 ; à celui de Solignac, en 631 ; à celui de Fleuri, en 640 ; à celui de Haut-Villers, en 662, et dans quelques autres du même temps. Mais dans la suite la règle de saint Benoît prévalut partout. »

Au tome II du même ouvrage, page 286, on lit :

« Gontran, roi de Bourgogne, ayant fondé l'abbaye de Saint-Marcel, près de Chalons, voulut que cette abbaye et celle de Saint-Bénigne de Dijon fussent associées à celle de Saint-Maurice d'Agaune dont il voulut qu'elles gardassent les coutumes, tant à l'égard de la psalmodie perpétuelle qu'à l'égard des autres observances. »

Quelles étaient ces autres observances d'Agaune que les moines de Saint-Bénigne devaient encore accomplir ?

Il est regrettable que l'auteur ne nous l'ait pas dit. Peut-être s'agit-il des pratiques religieuses que saint Colomban venait d'imposer au monastère de Luxeuil en le fondant, à la même époque, avec le concours et par la royale munificence du même Gontran, et que Moutiers-Saint-Jean venait aussi de recevoir.

Ce ne sont là que des conjectures, il est vrai, mais on se défend difficilement de les faire quand on voit le grand mouvement qui se produisit alors dans la Gaule en faveur de l'œuvre régénératrice du moine irlandais.

« Sous l'active et intelligente administration de saint Eustaise (616), l'abbaye (de Luxeuil) fondée par saint Colomban atteignit le plus haut point de splendeur, et fut reconnue *comme la capitale monastique de tous les pays soumis à la domination franque...* les autres monastères subirent l'un après l'autre l'heureuse influence de la ferveur et de la forte discipline de Luxeuil, et se régénérèrent graduellement à son instar (1). »

---

(1) Montalembert, *Moines d'Occident*, t. II, p. 541.

Et, plus loin :

« Comment l'abbaye de Luxeuil entra-t-elle en contact avec la règle de saint Benoît ? Par quelle voix la puissante et célèbre maison fut-elle déterminée à ouvrir ses portes à une autre gloire, à une autre autorité que celle de son fondateur ? Nul ne nous l'a dit ; mais il est certain que sous le successeur d'Eustaise, qui mourut un an avant le concile de Mâcon (625), on voit presque toujours, dans les fondations des monastères, les deux règles figurer ensemble, comme les bases simultanées de communautés écloses sous le souffle générateur des disciples de Colomban (1). »

Encore une fois, ce ne sont là que des conjectures ; elles nous paraissent néanmoins assez fondées en raison pour les exprimer, et nous souhaitons qu'un jour quelque chercheur plus habile et plus heureux nous apporte un texte capable de les changer en certitude.

Or la règle, à la fois sévère et attrayante du

---

(1) *Moines d'Occident*, t. II, p. 541-549, passages cités de Mabillon, — præf. in II sæc. c. 15, — et præf. in IV sæc. c. 126-7.

moine irlandais, qui domina toute la Gaule monastique au cours du septième siècle, se résume en dix articles :

Le 1er traite de l'obéissance ;

Le 2e, du silence ;

Le 3e, de la nourriture, qui sera commune et prise le soir, — *cibus vilis et vespertinus.*

Le 4e, de la pauvreté ;

Le 5e, de l'humilité ;

Le 6, de la chasteté ;

Le 7e, de la mortification ;

Le 8e, de la discrétion ;

Le 9e, de la prudence ;

Le 10e et dernier, aussi long que tous les autres, forme, sous le nom de *pénitentiel*, une sorte de code criminel qui prescrit des peines sévères pour les moindres manquements. On y remarque la peine du fouet, qui varie de six à deux cents coups, selon la gravité de la faute à punir.

La règle de saint Benoît, qui s'est substituée à toutes les autres à partir du huitième siècle, est moins sévère et plus appropriée aux besoins du pays et de l'époque. Elle n'exclut pas, néanmoins, les corrections corporelles; mais « en se reportant aux austérités des anciens pères du désert, le saint fondateur, au début de sa constitution, déclare qu'il ne croit avoir rien prescrit de trop rude, ou de trop difficile à suivre ; et il ajoute, en la terminant, qu'elle n'est qu'un petit *commencement*, une *introduction*, pour arriver à la perfection (1). »

« Aucun éloge n'a manqué à ce code de la vie monastique. Saint Grégoire, saint Thomas, sainte Hildegarde, saint Antonin l'ont cru directement inspiré par l'Esprit-Saint. Le prince de l'éloquence catholique l'a résumé en quelques lignes incomparables :

« C'est un précis du christianisme, un docte et mystérieux abrégé de toute la doctrine de l'Évangile, de toutes les institutions des saints Pères, de tous les conseils de perfection. Là paraissent avec éminence la prudence et la simplicité, l'humilité et le courage, la sévérité et la douceur, la liberté et la dépendance. Là, la correction a toute sa fermeté; la condescen-

(1) In qua institutione nihil asperum, nihil grave... Initium conversionis... Prolog. reg. cap. 73.

dance tout son attrait; le commandement toute sa vigueur et la sujétion tout son repos; le silence sa gravité et la parole sa grâce; la force son exercice et la faiblesse son soutien; et toutefois, dit le saint fondateur, ce n'est là qu'un commencement (1). »

Mais revenons à l'origine du monastère dijonnais et à son prieuré.

Le saint abbé Jean avait obéi humblement au pontife de Langres, saint Grégoire, quand il lui avait fait un devoir de quitter Lérins pour reprendre le fardeau du commandement dans son abbaye de Moutiers; il dut, par les mêmes motifs, accéder à ses désirs quand il lui confia la garde du tombeau de saint Bénigne et celle du prieuré de Saint-Apollinaire. Dijon qui l'avait vu naître; Dijon qui gardait les restes vénérés de saints époux Hilaire et Quite, ses pieux parents, ne pouvait manquer de tenter son zèle, et c'était lui donner la mission de le sanctifier par tous les moyens de l'apostolat. Il se trouva donc heureux d'y consacrer, avec les

(1) *Moines d'Occident*, t. II, p. 68. Citant Bossuet dans son panégyrique de saint Benoit.

moines ses disciples, les dernières années de sa longue et sainte vie (1). Il put même suivre, pendant plusieurs années, les œuvres de la fervente colonie qu'il y envoya, sous la direction de saint Eustade, en lui faisant part des dons généreux qui lui venaient de tous côtés, attirés par le renom de sa sainteté et de ses miracles.

Car « les rois, entre autres Clovis Ier, et beaucoup de seigneurs, imitant la Providence, prenaient plaisir à augmenter les ressources du saint et à combler son monastère de richesses (2). »

Cette appréciation de Mgr Guérin, dans ses Petits Bollandistes, se trouve pleinement justifiée par le diplôme du grand Clovis dont nous avons donné le texte plus haut. Toutefois, il faut le reconnaître, nous n'avons que des données assez vagues sur les propriétés particulières du prieuré de Saint-Apollinaire.

Il est certain que l'établissement d'un prieuré

---

(1) D'après les Bollandistes, saint Jean de Réome est né en 425; il est mort en 545, âgé de *cent vingt* ans. Il devait être en sa 91e année en 511, époque de la dédicace de la basilique de Dijon.

(2) Petits Boll., au t. II, p. 77, 28 janvier.

en ce village, par sainte Clotilde, a été accompagné d'une fondation royale qui en garantissait la perpétuité. Le moine anonyme de Dijon en rend témoignage en ces termes :

« Celle-ci (l'église de Saint-Apollinaire), enrichie, *dès le principe*, par les libéralités royales, puis ensuite, par les largesses des évêques de Langres, a été donnée au monastère de Dijon (1). »

Par où nous voyons que l'église érigée par sainte Clotilde à Saint-Apollinaire a été donnée au monastère de Dijon avec les fonds provenant des libéralités royales, en même temps qu'on imposait au monastère la mission de la garder et de la desservir.

Ce n'est là qu'une indication relativement aux propriétés du prieuré, et il est regrettable que le pieux moine n'ait rien dit de plus précis; car aujourd'hui nos archives et nos bibliothèques les mieux fournies n'ont guère que des

---

(1) Eadem ecclesia ab ejus conjuge... *primitus* inibi constructa... quæ nimirum ecclesia tam ex *regia liberalitate*, quamque etiam Langonicæ sedis pontificum largitione, data est monasterio Divionensi, quod ædificatum *antiquitus* fuisse constat... Boll., t. V du mois de juillet, p. 353.

épaves sur les faits qui intéressent nos histoires locales, jusqu'au onzième siècle.

Voici la très courte nomenclature des pièces que nous avons trouvées à Dijon, ayant quelques rapports avec le prieuré de Saint-Apollinaire.

1° Le diplôme de Clovis, de la première année de son baptême, c'est-à-dire de l'an 500 environ.

Nous en avons donné le texte plus haut; mais il convient de remarquer ici que les termes émus dont se sert le roi franc dans cet acte, indiquent l'importance qu'il attachait à sa victoire contre Gondebaud, et combien il dut approuver et faciliter le projet de son épouse d'en perpétuer le souvenir par un monument durable.

2° Le diplôme de Charles le Chauve à l'évêque de Langres Isaac, pour lui accorder les subsides nécessaires à la restauration du monastère de Saint-Bénigne.

Encore ce diplôme, qui parle de Saint-Apollinaire sous son nom ancien d'Aquilly, ne le fait-il figurer que comme donnant au monastère bénédictin, non pas l'église de sainte

Clotilde qui lui appartenait déjà, lui ayant été *donnée dès l'origine,* mais une chapelle étrangère des champs, avec sa mense et demie : *cum menso et semis.*

Et c'est tout, jusqu'au onzième siècle.

Celui-ci nous livre la charte très importante du duc Robert. Nous l'avons donnée et étudiée, dans notre première partie. Elle a servi de pièce principale aux Abbés de Saint-Bénigne dans leurs longues luttes contre les prieurs de Saint-Apollinaire, lorsqu'ils se furent rendus indépendants.

Mais pour comprendre cet épisode et ce procès, il est besoin d'entrer dans quelques détails; et ce sera l'objet d'un chapitre particulier.

CHAPITRE II

Motifs des rares épaves qui restent des dotations de nos rois aux monastères : Procès du prieur de Saint-Apollinaire contre l'abbaye. — Transfert des corps du duc et de la duchesse, et leur station à Saint-Apollinaire. — Siège de Dijon par les Suisses.

Toute société religieuse qui pratique la vie commune, au sens propre du mot, appelle aussi la communauté des biens, c'est-à-dire, demande la même table pour tous ses membres; d'où vient aux biens temporels de cette société le nom de *mense*, du latin : *mensa*, table, par lequel on désigne communément les biens qu'elle possède.

Rien de plus beau que cette vie commune, telle que l'Esprit-Saint la dépeint au livre des

Actes, alors que les fidèles, mettant en pratique les conseils évangéliques, vendaient leurs biens et en apportaient le prix aux pieds des apôtres, pour suivre le divin Maître des âmes, Jésus-Christ, dans les voies de la perfection :

« Toute la multitude de ceux qui croyaient n'était qu'un cœur et qu'une âme : nul ne considérait ce qu'il possédait comme étant à lui en particulier; mais toutes choses étaient communes entre eux (1). »

Ça a été aussi l'âge d'or des communautés religieuses, quand elles ont pu se constituer en sociétés particulières dans l'Eglise, après les persécutions sanglantes des trois premiers siècles; et les fondateurs d'ordre ont su donner satisfaction, par le vœu de pauvreté, à ce noble élan de l'âme qui foule aux pieds les biens fragiles et fugitifs de ce monde, pour mieux conquérir les biens éternels.

Mais si la nature humaine, aidée de la grâce divine, peut comprimer ses instincts dépravés jusqu'à les dompter dans un magnifique triom-

---

(1) *Act. des Apôt.*, IV, 32.

phe, il est juste de reconnaitre que le vieil homme, néanmoins, a ses jours de luttes, suivis souvent de jours de défaillance, dans les sociétés comme dans les individus.

La vie commune de l'âge d'or a vu, dès les premiers siècles, s'installer successivement, dans les communautés les plus régulières, le bénéfice, la prébende et les autres gratifications temporelles qui ont troublé la paix des religieux, en leur soufflant au cœur le désir du lucre.

« En France, dès le commencement du sixième siècle, le concile d'Agde (506), après avoir recommandé aux évêques de conserver les fonds de l'église (*casellas vel mansipiola ecclesiæ*), comme un dépôt sacré et inaliénable, leur permit ensuite de donner l'usage des fonds de peu d'importance à des clercs, ou même à des externes (1) : (*minusculas vero res, aut ecclesiæ minus utiles, peregrinis vel clericis, salvo jure ecclesiæ, in usum præstari permittimus*) (2).

Voilà, dit Thomassin, en citant ce passage,

---

(1) Ceux du dehors, les laïcs.
(2) Tomass. citant le concile d'Agde, can. 7, au t. VI, p. 566 de son grand travail sur la discipline ecclésiastique.

les premières traces des bénéfices, c'est-à-dire, des fonds donnés à usufruit à des clercs, et réversibles à l'église après leur mort : *salvo jure ecclesiæ*.

Mais cet usage remontait évidemment plus haut encore, puisque le même concile, dans un des canons suivants, le 22, se voit obligé de « renouveler les *anciens canons* qui défendent l'aliénation des biens d'église, quand ils ont été confiés ainsi, temporairement, pour l'usufruit seul. »

Et le premier concile d'Orléans (511), dans son canon 23, s'élève, à son tour, justement contre la prétention des clercs bénéficiaires qui invoquaient la prescription trentenaire pour disposer à leur gré des fonds qui leur venaient des couvents (1).

Pour peu qu'on veuille y faire attention, on reconnaît même vite qu'il y a plusieurs partages à considérer dans les monastères : celui des

---

(1) Si episcopus vineolas, vel terrulas clericis vel monachis præstiterit excolendas, vel tempore tenendas etiam si longa transisse annorum spatia probentur, nullum ecclesiæ præjudicium patiatur.

Abbés; celui des officiers claustraux; celui des simples moines.

Car, dit Thomassin, « les Abbés ont eu, enfin, leur table, une mense à part; les officiers claustraux ont ensuite obtenu, ou emporté, une partie des fonds ou des revenus; les prieurs se sont rendus perpétuels, et, par conséquent, n'ont plus été purement obédientaires, c'est-à-dire amovibles et révocables au gré du supérieur. Enfin les religieux eux-mêmes, dans le progrès du relâchement, sont quelquefois devenus propriétaires, et ont disposé d'un petit revenu à part (1). »

C'est ainsi que, graduellement, l'ancienne régularité disparut, entraînant insensiblement la dissipation du temporel des monastères.

Il ne faut donc pas trop nous étonner si, après tant de siècles écoulés sur les dotations de nos premiers rois aux monastères qu'ils ont fondés, nous n'en retrouvons plus, aujourd'hui, que de rares épaves.

Nous n'avons pas à rechercher les causes qui

---

(1) Thomass., t. VI, ch. XXV, p. 616.

ont porté les conciles à autoriser cette regrettable invasion de l'esprit de propriété particulière dans les communautés religieuses (1); nous le constatons seulement, en observant que ces faveurs, concernant l'usufruit de quelques propriétés des monastères, étaient accordées, dans l'origine, sous certaines conditions, en récompense de services rendus à l'abbaye par le moine bénéficiaire. Nous en trouvons la preuve dans un acte du vénérable Guillaume, Abbé de Saint-Bénigne de Dijon, reproduit par Pérard, à la page 176 de ses *Pièces curieuses*.

On y voit qu'un moine, nommé Girard, est pourvu, par son Abbé et du consentement de ses frères, du bénéfice d'une terre sise au village de Verrey (*Vitriaco*), dans le comté d'Alise, de la valeur de VIII menses, aux conditions suivantes :

---

(1) Le même Thomassin, t. VI, p. 618, au bas de la seconde col., émet cette opinion :

« Que les Abbés, en abusant de leur autorité sur le temporel des abbayes, jusqu'à refuser aux moines les choses indispensables, pendant qu'ils dissipaient les biens du monastère en profusions scandaleuses, avaient eux-mêmes rendu les partages nécessaires, comme le sont les moindres maux en face des plus grands. »

« Il aura cette terre en bénéfice, pour en percevoir le revenu, la cultiver, l'améliorer autant que faire se pourra, sans pouvoir la donner en bénéfice à aucun autre. De plus, il viendra en aide, selon ses forces et son pouvoir, en toute affection, à ses frères du monastère de Dijon, après en avoir fait le serment. Mais après sa mort, la terre dont il s'agit reviendra au couvent avec toutes ses améliorations. »

Ainsi les simples moines pouvaient devenir bénéficiaires, au jugement de l'Abbé, *avec l'assentiment des frères*, en vue des services qu'ils avaient rendus ou qu'ils pouvaient rendre au monastère ; le texte le dit clairement :

« Ego Willelmus Abbas... et monachi nostri... *concessimus*. » — Et le titre de la pièce le confirme encore en ces termes :

« Willelmus Abbas et monachi Sancti Benedicti... *concedunt*. »

Ajoutons que de sages mesures sont prises pour que la propriété, avec toutes ses améliorations, revienne au monastère à la mort du bénéficiaire ; mais on sait assez que toutes ces précautions n'ont pas suffi à conjurer le désordre des bénéfices héréditaires.

Nous avons vu, d'après Thomassin, comment les officiers claustraux, imitant les Abbés, ont voulu avoir leur part assurée dans les biens de l'abbaye; et comment les prieurs ont fini par se rendre perpétuels.

En ce qui concerne ces derniers, le troisième concile de Latran, onzième œcuménique, célébré en 1179, a jugé bon de distinguer les prieurs conventuels des autres, dans l'intérêt des prieurés; car son dixième canon se termine ainsi :

« On ne changera point les prieurs conventuels, si ce n'est pour des causes graves, savoir : pour cause de dilapidation des biens, ou d'incontinence, ou autres motifs semblables. »

Le prieur conventuel, selon les expressions mêmes du concile, était celui qui gouvernait une église de campagne pour le compte du couvent : « Priores vero cum in *conventualibus* ecclesiis fuerint constituti. » Dès lors, il faut dire que le prieur de Saint-Apollinaire était conventuel; et ce titre nous aidera à démêler les causes qui l'ont amené à soutenir, contre le monastère de Saint-Bénigne, ce long procès que nous avons signalé dans notre première partie, et dont les principales pièces ont disparu de nos archives.

C'est que, en effet, les riches dons qui arrivaient de toutes parts à Saint-Bénigne, étaient souvent grevés de charges pour ses prieurés; et que ceux-ci, dans la suite des temps, les trouvèrent trop onéreuses.

La charte du duc Robert nous en fournit la preuve.

Elle est datée de l'an 1043, en faveur de l'abbaye bénédictine; mais elle ne nous est parvenue que sous la forme d'une copie.

Cette copie se trouve aux Archives départementales de Dijon, série H du clergé régulier, carton 79, sous le titre : « Saint-Apollinaire et lieux voisins. »

Elle porte, collée à sa dernière page, une longue note, dont l'écriture et le style sont du seizième siècle; et sa lecture accuse un procès entre le prieuré et le monastère.

On y voit que, par suite de « l'appointement

rendu en cour du baillage de Dijon, en la cause pendante entre frère Jehan de Ragecourt, religieux profès... impétrant en matière de *garde possession bénéficiale*, au faict du prioré de St-Apolenaire d'une part; et... Edme Regnier, frère Thibault de Toisy, frère Antoine de Villers et frère Gilbert Barbe opposant... le lundi VIe jour de mars de l'an 1558... la présente coppie a été collationnée à son original et vraie matrice, au trésor de l'église St-Bénigne, par Jehan Urtebinet, clerc de M. Antoine Jurel, greffier du dit baillage... en présence des parties intéressées... »

La solennité de cette déclaration, signifiée par voie de justice, et la place qu'elle occupe ainsi collée au dernier feuillet de la charte ducale, montrent suffisamment les relations qui existent entre ces deux pièces, et l'importance qu'on y attache.

Les charges imposées à Saint-Apollinaire par l'acte du duc Robert demandaient que le prieuré en eût connaissance par une copie qui lui fût remise, et celle-ci, au temps des contestations, avait besoin d'un certificat d'authenticité incontestable. C'est là, évidemment, l'objet de la note collée, prudemment, à la suite de la copie.

Nous n'avons pas les détails du débat. Ils ont dû disparaître dans les pillages, plusieurs fois renouvelés, dont l'abbaye a été victime au cours des siècles; mais nous savons, par divers indices, que le procès a été jugé en faveur de l'abbaye.

Voici ces indices :

Les Archives départementales, à la série H, c. 79, donnent, en date de l'année 1579, l'arpentage des terres de la Grange d'Arbecey; et l'acte qui en résulte déclare que cet arpentage est occasionné par la cession que le prieur de Saint-Apollinaire fait de ces terres au couvent de Dijon, pour *exonérer* le prieuré de la charge des « pitances sérotines ».

Que faut-il entendre par « pitance sérotine? »

La *pitance* laisse comprendre qu'il s'agit du repas des moines; et le terme *sérotine* indique qu'il s'agit du repas du soir; mais les frais de ce repas ne lui donnent plus guère l'aspect de la légère collation de gens qui jeûnent, à en juger par l'échange qui se fait ici. Car l'arpentage des terres d'Arbecey, dont le prieur de Saint-Apollinaire cède la propriété au couvent de Saint-Bénigne pour s'en exonérer, représente la contenance de *cent quarante-neuf journaux un tiers et cinq perches*. De plus, l'acte ajoute : « Sans y comprendre les préy ! »

Convenons-en, un repas du soir qui absorbe le revenu d'une telle propriété, ne ressemble plus guère à celui des moines de saint Benoît et de saint Colomban (1)!...

C'est que, hélas ! nous sommes au milieu du seizième siècle, et que les moines, à Dijon comme ailleurs, avaient alors grand besoin du décret de salutaire réformation du saint concile de Trente (2).

---

(1) Un des articles de cette règle porte : *Cibus vilis et vespertinus.*

(2) C'est à l'année 1541 qu'il faut rapporter la farce indécente des moines de Dijon, dont parle Courtépée au t. II, p. 96.

« Le prieur de Larrey, devenu vicaire de l'abbé Frégose (premier Abbé commendataire), après son élévation au siége d'Eugubio, voulut continuer l'œuvre de bonne réforme entreprise par l'Abbé qu'il remplaçait, et il commença par réduire la pinte de vin des moines à la modeste hémine des disciples de saint Benoît. C'en fut assez pour soulever une tempête dans le monastère, et pour motiver la carica-

Mais il faut aussi le dire : les choses ont dû subir plus d'une transformation, au cours des siècles, pour que les charges imposées primitivement au prieuré de Saint-Apollinaire, soient devenues si lourdes. Car la charte ducale, aux conditions onéreuses, ne dit pas autre chose que ce qui suit :

« Je décrète qu'en vue des largesses de cette aumône, et pour sa bénigne reconnaissance, les fonds nécessaires à établir une prébende pour la subsistance *de deux frères* de la congrégation dijonnaise, seront pris sur le revenu des droits susdits, après recouvrement, et serviront à leur entretien, pour notre salut et celui de nos enfants. »

ture suivante que le président Bouhier, dans ses *Mémoires*, dit avoir vue jusqu'en l'année 1690, *cent trente-neuf ans plus tard*, dans les galeries du cloître. »

L'Abbé y était représenté, mitre en tête, orné d'une superbe paire d'oreilles d'âne : à ses côtés deux moines, dont l'un montrait les petits brocs, avec un geste d'indignation ; tandis que l'autre montrait les grands brocs, avec une face toute réjouie ! Au bas se lisait le distique suivant, d'esprit, certes, plus sybarite que monacal :

Auriculas asini merito fert improbus Abbas
Qui monachis pintas jusserit esse breves.

C'est donc une simple réserve que fait le duc, en terminant sa charte, pour déclarer :

« Qu'à son aumône, si riche et si généreuse, il joint l'obligation d'établir une prébende en faveur de *deux des frères* de la congrégation dijonnaise; » sans doute ceux qui paraîtront les plus méritants.

A cela, point de difficulté; nous savons déjà que la prébende, comme le bénéfice, étaient tolérés depuis longtemps par les conciles. Mais il est difficile de comprendre comment ces deux prébendes, à établir sur le prieuré de Saint-Apollinaire, se sont transformées en « pitances sérotines » pour tout le monastère.

Il faut croire que des conventions, dont il ne reste plus de trace, avaient été faites antérieurement en ce sens. On conçoit aussi que la *légère collation* d'un grand nombre, aux époques de ferveur, ait paru à peu près équivalente à la subsistance et à l'entretien de deux prébendés *en équipage!*

Mais le prieur de Saint-Apollinaire a eu d'autres mésaventures.

Car on trouve aux Archives départementales,

à la même série H, même carton 79, une liasse portant le titre suivant :

« Procédure et instance du monastère Saint-Bénigne de Dijon contre le prieur de Saint-Apollinaire, relativement à ses devoirs envers la métairie d'Arbecey qu'il délaisse. »

Une sentence de l'official concernant cette nouvelle affaire est intervenue en date du 3 avril 1675. Elle condamne le prieur à reconnaître que la métairie d'Arbecey appartient à sa paroisse, et que, en conséquence, il lui doit tous les soins d'un pasteur diligent.

En remontant au quinzième siècle, nous trouvons, à l'an 1473, la cérémonie du transfert des restes du duc Philippe le Bon et de la duchesse Isabelle, sa femme, de la ville de Bruges à la Chartreuse de Dijon, avec leur station durant trois jours à Saint-Apollinaire.

Le duc Philippe, que la postérité, malgré sa grande faute, malgré ses quinze années de luttes sanglantes contre la France et son roi, a toujours appelé « le bon » pour les belles qualités de son cœur, sa clémence et son amour envers ses sujets, mourut à Bruges, dans la Flandre occidentale, d'une esquinancie, en l'an 1467, âgé de soixante-onze ans. « Alors, dit Paradin (1), il y eut dans le peuple, pendant les deux jours que son corps fut exposé dans son palais, plus de larmes que de paroles; car il semblait que chacun eût perdu son père. »

Il fut d'abord déposé à Saint-Donat, et, six ans plus tard, en 1473, transporté aux Chartreux de Dijon.

« Son fils, le Téméraire, qui avait attristé ses dernières années, fut trop ingrat, continue Courtépée, ou trop occupé de guerre, pour lui élever un mausolée. C'était pourtant bien le désir du duc Philippe, puisque, de son vivant même, il avait amassé des marbres précieux, et déposé entre les mains du prieur de sa chartreuse une grosse somme avec cette destination. Mais l'impérieux Charles lui arracha brutalement cette somme, après sa désastreuse campagne de Granson; puis, il se contenta de placer le corps de Philippe le Bon, son père,

---

(1) Cité par Courtépée, t. I, p. 185.

protégé par un cercueil de plomb, dans le caveau de ses aïeux (1). »

Philippe avait été marié trois fois : une première fois à Michelle de France, fille du roi Charles VI, morte à Gand en 1422; une seconde fois à Bonne d'Artois, morte à Dijon deux ans plus tard, en 1424; une troisième fois, cinq ans après, à Isabelle, fille de Jean Ier, roi de Portugal.

« Celle-ci, mère de Charles le Téméraire, décéda à Bruges, cinq ans après son époux, en 1472, et fut transférée l'année suivante, avec Philippe, son mari, à la Chartreuse de Dijon, où elle repose.

» Une tradition bourguignonne raconte que cette bonne princesse se rendait à la Chartreuse de Dijon, le jeudi des Quatre-Temps, pour y pratiquer l'œuvre suivante :

» Elle s'enfermait dans une cellule, où elle pétrissait des pains au lait, et faisait des pâtés de poisson, qu'elle distribuait ensuite aux reli-

(1) Courtépée, Hist. du duché, p. 185. — Un peu plus loin, p. 196, Courtépée dira : dans les magnifiques tombeaux qui gardent ces corps. Il confond donc le caveau avec les tombeaux.

gieux. De plus, elle a légué des fonds pour que cette œuvre pie, sous le nom de « petits pâtés de la duchesse », fût continuée perpétuellement à pareil jour (1). »

Mais le transport des restes de ces deux nobles époux nous intéresse surtout à cause de leur station à Saint-Apollinaire, et nous en donnons le récit d'après Courtépée.

« CÉRÉMONIAL *observé lorsque, par ordre de Charles, duc de Bourgogne, les corps du duc Philippe le Bon et de la duchesse Isabelle de Portugal furent transportés de Flandre à Dijon, pour être déposés au monastère des Chartreux.*

» Le dimanche 6 février 1473, Adolphe de Clèves, seigneur de Ravestein, avec une nombreuse suite de noblesse et de domestiques de la maison du duc de Bourgogne, fit descendre et exposer en l'église de Saint-Apollinaire, village à une demi-lieue de Dijon, les corps dont il avait la conduite. Le lendemain ils devaient être transférés à Dijon, mais la pluie en ayant

(1) Courtépée, t. II, p. 129.

empêché, la cérémonie fut remise au mardi suivant.

» Le duc de Bourgogne, vêtu de deuil, suivi de sa cour, alla au devant du convoi jusque derrière l'église Saint-Nicolas, qui était alors située hors des murs de la ville, dans le faubourg de ce nom.

» Les maire et échevins de la ville de Dijon, les députés des bonnes villes des duché et comté de Bourgogne allèrent jusqu'à moitié chemin de Saint-Apollinaire, au lieu dit : *les Vieux-Terreaux*, dans l'ordre qui leur avait été prescrit.

» Après les processions marchaient les députés des villes, deux à deux... Besançon et Dijon fermaient la marche; Dijon étant plus près des corps, immédiatement avant les prélats : le Cardinal-évêque d'Autun, l'Archevêque de Besançon, l'Abbé de Cîteaux (1), les

---

(1) Le premier rang parmi les Abbés est ici adjugé à l'Abbé de Cîteaux, conformément aux décisions des conciles de Constance et de Bâle, sur cette matière (1416-1433). On sait aussi que Jean de Cirey, surnommé le bon Abbé, se fit reconnaitre par tous les évêques assemblés aux états d'Orléans, sous le titre d'Abbé des Abbés. — Courtépée, t. II, p. 382-385. — De là, sans doute, le rang donné à l'Abbé de Cîteaux dans la cérémonie qui nous occupe.

Abbés de Saint-Etienne, de Dijon, de Saint-Seine... etc.

» Les maire, échevins et bourgeois de Dijon, tous vêtus de noir, suivis de leurs valets aussi en deuil, marchaient en très bel ordre. Cent hommes habillés de noir portaient chacun une torche de quatre livres et demie, avec les écussons de la ville. Besançon en faisait porter vingt-quatre, ainsi des autres villes à proportion de leur rang.

» Les corps du duc et de la duchesse étaient sur des chariots très richement ornés, couverts chacun d'un drap noir; celui du duc était surmonté d'un dais.

» Quand le convoi fut arrivé à la porte de la Sainte-Chapelle, le doyen et les chanoines de cette église le reçurent, et firent pendant six jours des services solennels... Le 14 février, les corps furent transportés de la Sainte-Chapelle aux Chartreux dans le même ordre et avec les mêmes cérémonies, et déposés dans les magnifiques tombeaux qui les conservent (1). »

(1) Courtépée, t. I, p. 195.

Mais la relation de ces grandes cérémonies, extraite des tablettes de l'abbé Richard, a dû être abrégée par Courtépée. Autrement on ne comprendrait pas que l'Abbé de Saint-Bénigne ne figurât point dans le cortège, quand on y voit, après celui de Citeaux, les Abbés de Saint-Etienne, de Saint-Seine, d'Ogny, de Châtillon, de la Bussière, etc. On ne comprend pas davantage l'absence de l'évêque diocésain de Langres.

Cette abréviation nous explique également le silence du narrateur sur les cérémonies qui ont eu lieu à Saint-Apollinaire. Il ne se peut que le monastère bénédictin de Dijon, dont le prieuré dépendait, et où les ducs recevaient l'anneau ducal des mains du grand prieur avant de jurer le serment des franchises, ait laissé les corps de ces nobles défunts dans leur église de Saint-Apollinaire sans convoquer le peuple à la prière; le dimanche 6 février, jour d'arrivée, aussi bien que le lundi et le mardi suivant, au matin. Sans nul doute des cérémonies funèbres ont eu lieu durant ces trois jours de station; mais nous ne pouvons que regretter de n'en pas connaître le détail.

Quarante ans plus tard, en 1513, un événement plus tragique vint éprouver Dijon, et répandre la terreur à Saint-Apollinaire, à l'occasion du siège de la ville par les Suisses. Ce malheureux village fut presque entièrement détruit. L'artillerie des assiégeants était dressée sur la hauteur des Petites-Roches, au levant, et sur les Perrières, au couchant. Elle ne cessa de tonner pendant six jours contre cette place sans défense (1). Celle-ci ne fut délivrée que par une espèce de miracle attribué à l'intercession de la sainte Vierge, l'ennemi, déjà vainqueur, après avoir brûlé les faubourgs et ouvert une large brèche au côté du midi, s'étant décidé soudain à lever le siège, en acceptant une forte rançon.

Le supplément de Courtépée, au tome IV, dû, comme on sait, à l'obligeance de M. V. Dumay, président de l'Académie des sciences de Dijon, ajoute, à la page 677-678 de ce volume, une relation de ce siège de Dijon, faite par un des

---

(1) La Trémouille y était enfermé avec 500 lances et 4,000 aventuriers; sans oser, avec une si faible garnison, essayer une lutte trop inégale contre une armée de 40,000 hommes.

bourgeois de la ville, Pierre Tabourot (1). L'identité du nom nous porte à penser que ce bourgeois pouvait être le propriétaire, à cette époque, de la tour carrée ou château de Saint-Apollinaire, selon un renseignement de Courtépée, au tome II, page 240, qui donne cette propriété aux Tabourot pendant les troubles de la Ligue. Sa relation raconte, jour par jour, les faits d'armes des assiégeants, et dit la destruction des faubourgs de Dijon par l'incendie. On y remarque l'ordre donné par la Trémouille d'abattre l'église Saint-Nicolas, alors en dehors de la ville, et la frayeur des ouvriers maçons « qui s'enfuirent éperdus en voyant l'image en bois de Notre-Dame tourner les yeux du côté des faubourgs (2). »

(1) Dans une note de Peignot, reproduite au Supplément de Courtépée, on lit : « Ce Pierre Tabourot fut seigneur de Véronnes et maire de Dijon en 1532. On trouve aussi, parmi les illustrations dijonnaises, un Tabourot (Etienne), né en 1547, auteur des *Bigarrures*, qui était le fils de ce Pierre Tabourot.

(2) Le 1er vol. des Mém. de l'Académie de Dijon, p. 33 à 60, donne encore sur le siège de Dijon par les Suisses, sous la signature de M. de Ruffey, d'autres détails analogues.

CHAPITRE III

La peste à Dijon. — Le château de Saint-Apollinaire. — Le village pendant les troubles de la Ligue et de la Fronde.

Courtépée parle, à plusieurs reprises, du fléau de la peste qui vint ravager la France à cette même époque, à la suite de beaucoup d'autres épreuves.

Au tome Ier de son travail, dans l'Histoire du duché de Bourgogne, liv. VIII, p. 224, on lit ce qui suit :

« En 1500, la peste désolait la province (de Bourgogne), et surtout sa capitale, comme on le voit par les registres de la Chambre des comptes, qui tint successivement ses assemblées à Auxonne et à Barjon, dans le château d'un de ses Maîtres. Elle reprit encore plusieurs fois, jusqu'en 1531, où elle fut si violente que la ville de Dijon fit un vœu solennel, et se mit sous la protection de sainte Anne pour la cessation de ce terrible fléau. »

Au tome II, dans la description particulière du Dijonnais, p. 39, l'auteur, en précisant davantage, revient sur la même question dans les termes suivants :

« Dijon se ressentit vivement des fléaux de la peste et de la guerre civile... La contagion ravageait la capitale (de la province) en 1500, et en 1521, comme on le voit par les registres de la Chambre des comptes, qui tenait ses assemblées à Auxonne, ensuite à Barjon, dans le château de M. Rousseau, président. En 1521, le Parlement fut transféré à Arnay-le-Duc pour la même cause. La peste fut si violente en 1531, que la *Chambre de ville* se retira à Saint-Apollinaire, et tint ses séances à Montmusard. La ville fit un vœu solennel, et se mit sous la protection de sainte Anne pour la cessation de ce fléau, qui l'avait déjà affligée en 1452 et en 1465. »

Enfin, au tome II, p. 240, au titre *Saint-Apollinaire*, on trouve la mention suivante :

« En 1529, les magistrats de Dijon se retirèrent au château (anciennement la tour ou la motte) de Saint-Apollinaire, pour éviter la peste. Ils venaient rendre la justice à Montmusard. Cette tour fut fortifiée du temps de la Ligue et appartenait aux Tabourot. »

Observons, en passant, que Courtépée confond volontiers les termes : Chambre de ville et magistrature de Dijon dans ces divers passages (1). Mais cette retraite de la Chambre de ville, ou magistrature de Dijon à Saint-Apollinaire, pendant la peste des années 1529 et 1531, avec la précaution pour ses membres de tenir *leurs séances* et de rendre *la justice* à Montmusard, est la preuve évidente que le village fut épargné durant ce laps de temps.

(1) La Chambre de ville était quelque chose d'analogue à nos conseils municipaux. — « En 1697, dit Courtépée, le 30 juillet, une délibération de la Chambre de ville de Dijon adjuge à un sieur Talanier la fourniture de 800 chandelles... pour les 800 lanternes qui devaient être faites en exécution des édits des 20 octobre, 31 mars et juin précédents, à l'effet d'illuminer les rues de la ville. Le prix de l'adjudication est de 7 sols 4 deniers par livre. — Courtépée, t. IV, p. 643-4.

Observons aussi que le renseignement du même auteur, pour ce qui concerne les Tabourot et leur tour de Saint-Apollinaire, est confirmé partiellement par la biographie de Michaut, où il est dit de Tabourot, Etienne, l'auteur trop léger des *Bigarrures*, « qu'il avait embrassé ardemment le parti de la Ligue. »

Nous n'avons pas de détails sur les fortifications dont cette tour fut alors pourvue. Elle avait antérieurement ses fossés (1), son pont-levis, ses créneaux; peut-être s'agit-il simplement de quelques bouches à feu dont elle fut munie à cette époque.

Mais ce château, dans les vieux titres, porte le nom de « Motte »; pourquoi ce nom?

En terme de féodalité, *la Motte* était cette partie du plan d'un château du moyen âge sur laquelle s'élevait le donjon, la tour fortifiée du manoir; car on bâtissait le donjon sur une éminence naturelle, et, à son défaut, sur une butte artificielle conique, qu'on appelait « la Motte ».

(1) Un parchemin des Archives, de l'an 1474, parle de la « Motte fossoyée » de Saint-Apollinaire. — Layette 98, liass. 3, c. 535.

Dans les châteaux de premier ordre, le donjon était une seconde forteresse dans la première; dans les châteaux de rang inférieur, une des tours de l'enceinte en tenait lieu; seulement on avait soin de faire cette tour plus grande et plus forte que les autres.

Le donjon étant le point le plus important de la place, on cherchait à en rendre l'entrée aussi difficile que possible. La porte en était très étroite et placée à une telle hauteur qu'on ne pouvait y arriver que par une échelle, ou par un escalier fort raide et parfaitement défendu. Quelquefois même il n'y avait point de porte, et on était obligé de se faire hisser dans un panier jusqu'à une fenêtre très haute, comme on le voit encore en certains couvents d'Orient, et cette fenêtre servait de porte d'entrée. Une fois dans l'intérieur, on trouvait un escalier étroit, à peine assez large pour le passage d'un homme. De plus l'escalier était barré, de distance en distance, par des grilles et des chaînes (1).

---

(1) *Dict. encyclopéd.* de Vorepierre. Art. *Chât.*

La *Motte* ou tour de Saint-Apollinaire n'était que la tour fortifiée d'un château de rang inférieur; et voici ce qu'en dit Courtépée :

« C'est une belle tour carrée, environnée de fossés et d'un enclos vaste et précieux par la nature du terrain... Elle fut fortifiée du temps de la Ligue, et appartenait aux Tabourot. Le pont-levis fut détruit en 1763. Les Ursulines en ont fait l'acquisition des dames du Refuge en 1702. Elles ont toute justice dans l'étendue de leur enclos (1). »

Le *Répertoire archéologique de Dijon*, canton Nord, à l'article *Saint-Apollinaire*, ajoute le renseignement suivant sur ce château :

« Des bâtiments *primitifs*, il ne reste qu'une tour d'entrée polygonale, percée d'une grande porte, et d'un guichet, qui ont conservé des traces de pont-levis. — Rangée de machicoulis sous le toit. (XVIe s.) »

(1) Courtépée, t. II, p. 240. Mais l'auteur fait ici une erreur de date; car les Fiefs de Bourgogne, d'accord avec le recueil de Peincedé et avec les Archives départ. (B. 11,052, c. 43), portent la reprise du fief de Saint-Apollinaire par Pierre Raudot, sur les Ursulines, à l'an 1763.

Cette note du *Répertoire* se termine par une « entre parenthèse » qui indique l'époque du seizième siècle. Mais il s'agit là, évidemment, de l'ensemble des constructions existantes, et non de l'âge du château ; puisque, selon la note elle-même, « la tour d'entrée n'est plus *qu'un reste des bâtiments primitifs.* »

D'ailleurs la structure de cette tour et son style d'architecture la font sensiblement plus vieille ; car l'emploi du machicoulis, « qui remonte au douzième siècle, selon Bourassé, et qui fut commun au quatorzième, ne fut plus guère employé que comme décoration au quinzième siècle, parce que les moyens d'attaque et de défense des châteaux furent alors changés. »

Les *Fatras* de M. de Juigné, aux Fiefs de Bourgogne, ont de nouveaux renseignements sur la tour de Saint-Apollinaire. Nous les donnons ici, comme compléments de nos recherches.

A l'année 1386, au 4 juillet, on trouve un « accord fait entre les religieux de Saint-Bénigne de Dijon, par suite d'un arrêt du Parlement de Paris, au fait de la haute justice que les religieux prétendent avoir es villages de Plombières, Larrey et *Saint-Apollinaire* ; et que les dits religieux, par le dit accord, n'ont que la moyenne et basse justice, et le roi la haute. »

A l'année 1474, le même auteur, dans ses recherches sur les fiefs du Dijonnais, donne, ou plutôt indique la consultation d'un conseil, avocat fiscal du duc, Pierre Raudot, qui tient *de franc alleu*, à Saint-Apollinaire, « une Motte fossoyée de fossés », et maintient et prétend la dite « Motte » être de la haute justice du duc, comme tout le dit village (1).

Vers la fin du seizième siècle, on trouve, dans Peincédé, vol. XIX, p. 239, les renseignements suivants :

« Le 25 avril 1583, noble M. Theodet Tabourot, licencié es droits, vend à D^{me} Bernarde Thierry, *relicte* (veuve) de feu noble Sr Guillaume Tabourot, seigneur de la tour St-Apollinaire, Cons^{er} M^{tre} des Comptes, sa part et portion des biens et héritages qu'il a au finage

---

(1) Les *Fatras* de M. de Juigné.— Voir aussi aux Archives départ. layette 98, lías. 3, c. 585.

du dit St-Apollinaire, consistant en une 8e partie dont les 8 font la tour. »

En l'année 1668, le fief qui nous occupe est disputé à Jeanne Tabourot, fille de Etienne Tabourot, par un membre de sa famille... La pièce qui donne les débats fait conclure que le dit fief a appartenu antérieurement au père, Etienne Tabourot, et au grand-père, Guillaume Tabourot (1).

Dix-huit ans plus tard, en 1686, au 22 mars et 12 juin, les *Fatras* signalent une reprise de fief et dénombrement de la tour de Saint-Apollinaire, par Théodore Tabourot, écuyer, fils de Etienne Tabourot (2).

Les autres possesseurs du château de Saint-Apollinaire sont les suivants, par ordre de date, d'après les mêmes autorités :

En 1718, au 3 janvier, reprise de fief de la dite tour, par Cl. le Belin;

---

(1) Arch. départ., série H, cart. 79.
(2) Les Fiefs de Bourgogne, tiré des Arch. départ., c. 72, liasse 16 *bis*, Dijonnais.

De tous ces textes il résulte que *la famille Tabourot a possédé la seigneurie de la Tour carrée au cours des seizième et dix-septième siècles.*

En 1722, id., par Chrétien Taupin, avocat commissaire aux saisies... des requêtes du Parlement;

En 1734, id., par les dames du Refuge de Dijon;

En 1743, id., par Jean-Baptiste Bichot, notaire à Dijon;

En 1763, id., par Pierre Raudot.

Si cette énumération des possesseurs de la tour carrée de Saint-Apollinaire, tirée de Peincedé et des liasses poudreuses de nos Archives départementales, ne parle pas de l'acquisition de ce fief par les Ursulines, c'est que l'acte d'acquisition par ces dames ne s'y trouve pas. C'est peut-être aussi parce que les actes avaient été faits successivement par le même notaire, Jean-Baptiste Bichot, pour le compte des deux communautés (1).

(1) L'*Histoire de l'église Saint-Etienne de Dijon*, par l'abbé Fyot, donne le renseignement suivant sur les Ursulines de Dijon :

« Leur monastère est le 33ᵉ de l'ordre des Ursulines en France; et il est si considérable qu'on en a tiré des filles pour fonder sept maisons différentes qui en ont produit trente autres. » — *Hist.*, etc., édit. 1696, p. 229.

Cet institut qui a pour but principal l'éducation des

C'est là tout ce que nous avons pu découvrir jusqu'ici sur l'origine et les anciens possesseurs de la tour carrée ou fief de Saint-Apollinaire.

Nous aimerions pouvoir dire qu'elle faisait partie des riches dons faits au prieuré par sainte Clotilde lors de sa fondation, et signalés par le moine anonyme du onzième siècle dans son intéressant récit, mais nous n'en avons pas trouvé les preuves.

Nous ne savons pas non plus, d'une manière sûre, comment cette tour, ou motte carrée, est venue à ses premiers possesseurs connus, les religieux de Saint-Bénigne, alors qu'ils revendiquaient, en 1386, le droit de haute justice à son occasion ; mais l'avocat fiscal du duc, Pierre Raudot, en disant, quatre-vingt-huit ans plus tard, ainsi que nous venons de le voir, qu'il tient cette *motte fossoyée de fossés* en franc alleu du duc de Bourgogne, nous porte à croire que nous avons là les restes d'une propriété

---

filles du peuple, devait être dans un état florissant au dix-huitième siècle, puisqu'il a pu posséder, durant vingt ans, la seigneurie de Saint-Apollinaire.

allodiale-noble, possédant le droit de justice et dérivant directement du prince dans son origine.

C'était la pensée de Bouchu, dans sa *Description générale de la Bourgogne,* quand il écrivait en 1667 :

« La paroisse s'appelle Saint-Apollinaire. Il y a un fief appelé la Tour, qui relève du roi directement. »

De plus, un parchemin du commencement du treizième siècle, reproduit par Pérard dans ses *Pièces curieuses,* à la page 309, et, de nouveau, à la page 439, vient confirmer cette appréciation; il porte la date de 1209, avec l'inscription suivante :

« *Echange avec les religieux de Saint-Bénigne de Dijon, du Gîte de Saint-Apollinaire contre le mont de Talant.* »

En voici le texte :

« Moi, Odo, duc de Bourgogne, fais savoir à tous : qu'en récompense du mont de Talant, j'ai acquitté à l'Abbé et au couvent de Saint-Bénigne de Dijon le Gîte que j'avais dans la ville de Saint-Apollinaire : de telle sorte que nul de ceux qui possèdent une mense dans la même ville, en quelque lieu qu'il se soit retiré, puisse s'exempter de satisfaire l'Abbé pour les droits du dit Gite : et j'ordonne à tous mes préposés de veiller à ce que tous les hommes d'une autre habitation qui auraient une mense dans la même ville, et qui feraient difficulté de payer le droit du Gite, y soient contraints par les voies de justice qui sont en ma puissance. »

Cet acte public nous parle d'un *Gite* que le duc Odo de Bourgogne possède dans le village de Saint-Apollinaire, gite qu'il déclare échanger avec les Abbé et couvent de Saint-Bénigne, contre leur propriété du mont de Talant : *Acquittavi... Gextum quod habebam in villa Sancti Apollinaris.*

Et le même acte fait connaître que tous les propriétaires du village, même les forains, seront tenus d'acquitter envers l'Abbé et le couvent les droits du gite susdit.

Evidemment nous sommes ici en présence d'un usage des temps féodaux; et si nous ouvrons le dictionnaire de Ducange, au mot *Gîte*, voici l'explication qu'il en donne :

« Gîte, ou droit d'hospitalité, est le même que giste, ou accueil des passants : *hospitum susceptio.* »

C'était, continue Ducange, le droit que les seigneurs féodaux s'étaient réservé sur les domaines de leurs vassaux, qui devaient, à certaines époques déterminées, les recevoir chez eux, les défrayer et les nourrir avec leur suite, droit qui, sous les rois de la première et de la deuxième race, a porté le nom de droit d'hôtel, puis, sous la troisième race, s'est appelé : giste, procuration, repas, etc.

Or nous voyons ici, d'une part, que tous les habitants de la ville de Saint-Apollinaire, sans exception, sont soumis au droit féodal du gîte envers les religieux de Saint-Bénigne ; et, d'autre part, nous savons, par toutes les données de l'histoire, que la tour de Saint-Apollinaire est, de temps immémorial, un fief, un domaine noble, qui ne relève que de son suzerain.

Et ce suzerain, qui est-il ?... Est-ce le duc ?... Est-ce le monastère ?

Si c'est le duc, il a cédé ses droits; l'acte d'échange en donne la preuve.

Si c'est le monastère, il n'y a plus lieu de poser la question des droits du gîte à propos de la tour.

D'où nous pouvons conclure :

Par son droit de gîte sur les habitants et sur les propriétés du village, sans aucune exception, le monastère de Saint-Bénigne de Dijon est devenu, s'il ne l'était déjà, le seigneur féodal de Saint-Apollinaire.

Et cette conclusion est en pleine harmonie avec celle de Bouchu, quand il dit dans l'ouvrage cité plus haut, art. 3 :

« Le sieur Letellier, abbé de Saint-Bénigne, est, *en sa qualité d'Abbé de ce monastère*, le seigneur de Saint-Apollinaire. »

Vingt-sept ans avant l'échange du Gîte ducal dont nous venons de parler contre le mont de Talant, nous trouvons, en 1182, un acte de l'évêque de Langres, Manassès, signalé par Courtépée (1), qui unit la cure de Saint-

---

(1) T. II, p. 239.

Apollinaire au monastère Saint-Bénigne de Dijon.

Pérard signale le même acte dans ses *Pièces curieuses*, à la page 258, sans en donner le texte, et la Chronique de Saint-Bénigne, où nous avions cru le trouver, s'arrête à l'an 1052. Il faut donc renoncer, provisoirement au moins, à connaître les termes de cet acte, et nous contenter des suppositions qui peuvent l'expliquer.

Il s'agit dans cette pièce de l'union de la cure de Saint-Apollinaire au monastère bénédictin de Dijon. Pourquoi cette nouvelle union, quand nous savons déjà que le prieuré a été fondé par sainte Clotilde, et uni dès son origine au monastère dijonnais?

Mais le prieuré, de simple qu'il était d'abord, est devenu prieuré-cure dans la suite, et ce n'est qu'après son érection en cure qu'il a eu le privilège des droits résultant de ce titre : la dotation, les oblations dans les obits, les honoraires des sépultures, des mariages, etc. On conçoit dès lors que le prieuré simple ait été uni une première fois au monastère pour en recevoir les secours spirituels, en lui conférant les droits de patronage et d'oblation qui en découlent, et que plus tard, le même prieuré étant devenu cure ait été de nouveau uni au même monastère, avec pouvoir d'y exercer les droits résultant de son nouveau titre.

A cette première raison il convient d'en ajouter une autre, celle qui découle des variations inhérentes à toutes les institutions humaines.

En lisant dans les chartes du moyen âge la plupart des legs pieux des grands du monde aux monastères qu'ils veulent favoriser, on remarque vite le caractère de perpétuité qu'ils s'efforcent d'imprimer à leurs pieuses largesses... et combien les futurs contrevenants y sont peu ménagés!... Mais ce nonobstant, le partage du temporel des abbayes, devenu un *moindre mal* dans le triste relâchement de la discipline monastique, s'est effectué après l'an mille, ainsi que le constate Thomassin (1); et malgré toutes les précautions prises à l'encontre, il a été un achemi-

---

(1) T. VI, chap. XXVI.

nement vers la sécularisation et la dispersion des biens des couvents. Le saint abbé Guillaume n'a-t-il pas cru lui-même pouvoir reconnaître les services rendus à son abbaye par le copiste Girard, en lui donnant une mense, à titre de bénéfice viager, ainsi que nous l'avons vu au chap. II de cette seconde partie ?

On conçoit donc que le prieuré-cure de Saint-Apollinaire ait pu échapper à l'abbaye dijonnaise par suite d'une semblable libéralité, sous forme de bénéfice, et qu'il lui ait été rendu en 1182 par l'autorité de l'évêque diocésain, en vertu de la nouvelle union qui nous occupe.

Il nous faut maintenant signaler, au moins en bloc, les péripéties par lesquelles a passé le village de Saint-Apollinaire au cours du seizième, au milieu du dix-septième et au commencement du dix-huitième siècle, pendant les guerres malheureuses de la Ligue (1) et de la

(1) La Ligue ou sainte Union, ou Confédération du parti catholique, fut formée en 1576, par Henri de Guise. Elle avait pour premier but la défense des croyances catholiques contre les protestants, et servait en même temps les intérêts politiques des Guises.

Fronde (1), alors que ce village eut tant à souffrir des incursions des partis hostiles qui guettaient Dijon. Courtépée et Gabriel Breunot en rendent témoignage; écoutons-les un instant :

« Le règne de Henri III fut encore plus malheureux que celui de son frère Charles IX, à qui il succéda... Le prince de Condé et le duc Casimir entrèrent en Bourgogne avec six mille reîtres (2)... Ils passèrent du côté de Langres et campèrent huit jours près de Dijon qu'ils espéraient forcer. Mais les comtes de Charny et de Tavannes s'y étant jetés avec leurs compagnies de gens d'armes et la noblesse du pays, firent plusieurs sorties et empêchèrent les reîtres de rien entreprendre sur la capitale de la province (3). »

Ce passage du principal historien de la Bourgogne est confirmé et expliqué par un Dijon-

---

(1) On désigne ainsi la guerre civile qui eut lieu, en France, pendant les cinq années de la minorité de Louis XIV, de 1648 à 1653.
(2) C'était un corps de cavalerie allemande qui servait dans les rangs des protestants, surtout pendant la Ligue.
(3) Courtépée, t. I. — Hist. du duché, liv. VIII, p. 232.

nais contemporain, Gabriel Breunot, qui s'exprime ainsi dans son journal :

« Le 14 juillet 1576, Casimir, avec tout son camp, vint loger à *Pleumières,* et fit passer la plupart de son camp et les chariots près des murailles de Dijon, tirant sur Saint-Apolomey, Varrois, Ruffey, Messigny et autres villages. Quoi voyant le commun peuple que les reîtres du dict Casimir emmenaient la plupart du bétail, chevaux, beufs, vaches, moutons... se hasarda d'en faire demeurer pour le péage, et surgit tellement la populace qu'on se rua sur aucuns des reîtres égarés et y eurent plusieurs tués... Le dit Casimir fit séjour depuis le samedi jusqu'au mardi environ la mi-nuit qu'il se sauva, étant averti qu'ils étaient aucuns *argoulets* inconnus qui le voulaient charger (1). »

Le même journal, t. I, p. 58, donne le renseignement suivant :

« Le 9 janvier 1590, sont passés près de Saint-Apolomey, venant devers Rouvres, en-

---

(1) Journal de Gab. Breunot, t. I, p. 22. — Dans les Souvenances de Pépin.

viron 2,000 hommes tant reîtres que lansquenets (1), pour les hérétiques et Navarrois, étant conduits par le fils de Biron, soi-disant marquis de Mirbel, lesquels furent *salués* par ceux de la ville, toutefois passèrent outre. »

Dans le même journal, t. I, p. 79, on retrouve les mêmes alertes pour les villages voisins de Dijon dans les lignes suivantes :

« En avril 1592, le baron de Thianges, avec bien 400 chevaux, voulut prendre logis aux faubourgs de Dijon, où il fut mal reçu et repoussé. La raison était qu'il avait dans sa compagnie des Albanais fort dépravés, mal vivants, voleurs et meurtriers. Il fut contraint d'aller loger à Saint-Apolomey, Ruffey... où ils purent, et y eut beaucoup de désordres. — En note : La mairie (de Dijon) s'en plaignit vivement à Mayenne (chef de la Ligue), par délibération du 3 avril. »

De plus, le t. II, p. 129 du même ouvrage, mentionne la nouvelle suivante :

« De Vaugrenant ravage l'abbaye de Citeaux,

---

(1) Fantassins allemands.

emmène une cloche à Saint-Jean-de-Losne et la fait mettre en pièces... Voilà bien faire la guerre que de prendre le bien des églises!... Ceux de Saulx-le-Duc emmènent en même temps la vacherie des villages de Messigny, Saint-Apolomey et autres. »

C'est assez, sans doute, pour avoir une idée des souffrances du village de Saint-Apollinaire à cette triste époque; et nous n'en donnons qu'un rapide aperçu, car le journal dont nous reproduisons quelques extraits nous le représente tantôt saccagé par les reîtres ou les Albanais, t. I, p. 20-30; tantôt pillé par les royalistes, t. II, p. 130.

Mais il ne faut pas s'étonner de la fréquence de ces visites hostiles.

Dijon était la capitale de la Bourgogne, et dès le sixième siècle, saint Grégoire de Tours célébrait les agréments de sa situation, la fertilité de ses campagnes, la bonté de ses vins et la force de ses défenses; écoutons-le un instant :

« Dijon... est un Castrum bâti de murs très

solides, au milieu d'une plaine très riante, dont les terres sont si fertiles et si fécondes qu'en même temps que la charrue sillonne ses champs, on y jette la semence, et qu'il en sort de très riches moissons.

» Au midi est la rivière d'Ouche, abondante en poissons; il vient du nord une autre petite rivière qui entre par une porte, passe sous un pont, ressort par une autre porte et entoure les remparts de son onde paisible. Elle fait, devant la porte, tourner plusieurs moulins avec une rapidité singulière.

» Dijon a quatre portes situées vers les quatre points du monde. Toute cette bâtisse est ornée en totalité de trente tours; les murs sont, jusqu'à la hauteur de vingt pieds, construits en pierres carrées (pierre de taille) et ensuite en pierres plus petites. Ils ont en tout trente pieds de haut et quinze pieds d'épaisseur... Du côté de l'occident sont des montagnes très fertiles, couvertes de vignes qui fournissent aux habitants un si noble falerne qu'ils dédaignent le vin de Châlons. Les anciens disent que ce Castrum fut bâti par l'empereur Aurélien. (Ceci est dit pour Aurèle, comme faute de copiste ou d'impression.) (1)

Ainsi la principale cause des malheurs si fréquents du village de Saint-Apollinaire doit être attribuée à son voisinage de Dijon, qui excitait la redoutable convoitise des bandes allemandes par son titre de capitale de la province, la réputation de son Castrum, le luxe et la richesse de ses produits (2).

Au cours du dix-septième et au commencement du dix-huitième siècle, de nouvelles épreuves vinrent contrister la population de

(1) Extrait du chap. xix, liv. III, de l'Histoire de Grég. de Tours. — Traduction de M. Guizot, dans ses Mémoires pour l'histoire de France, t. I, p. 138.
Voir aussi Courtépée, t. II, p. 17, qui ajoute :
On prétend qu'il faut substituer le mot Aurèle à celui d'Aurélien... attendu que saint Bénigne avait souffert le martyre à Dijon près d'un siècle avant le règne d'Aurélien.
(2) Les Chroniques de saint Denys, liv. II, ch. xvii, ont reproduit la description ci-dessus, en donnant *cinquante pieds* de hauteur aux murs de la ville.
De plus, une note de ces Chroniques, également citée par Courtépée, ajoute :
« Li chastiaus de Dijon était de grant nobilité avant ce que Aurélien y venist el temps de son empire. Mais il est voirs que de la venue de celui Aurélien, li chastiaus de Dijon ennoblit et amenda. »

Saint-Apollinaire. Courtépée les signale en ces termes :

« Ce village était autrefois plus considérable... Mais un détachement de l'armée du duc d'Orléans, qui allait joindre en Languedoc celle du duc de Montmorency, y logea en 1632, et brûla le plus grand nombre des maisons qui avaient échappé à l'incendie de 1513, par les Suisses, pendant le siège de Dijon. »

« Treize ans plus tard, en 1645, le 29 janvier, l'orage qui renversa le clocher de Saint-Jean de Dijon, n'épargna pas davantage celui de Saint-Apollinaire. Sa chute entraîna en partie celle du vaisseau de l'église, et la plus grosse cloche fut cassée. »

« De plus, en 1701, le 23 mai, un incendie violent, en moins de deux heures, réduisit en cendres l'église et quatorze maisons ; les cloches furent fondues, les arbres desséchés et le village réduit à cinq maisons (1). »

Mais dans le récit du second incendie, il faut comprendre que Courtépée donne le nom

---

(1) Courtépée, t. II, p. 240.

d'église au seul vaisseau de l'édifice; car le sanctuaire actuel et l'abside de Saint-Apollinaire gardent toujours le cachet du style roman, ainsi que nous l'avons observé ailleurs, et qu'il est facile de le constater encore aujourd'hui.

Quant au clocher de Saint-Jean de Dijon, victime le même jour d'un accident semblable, voici comment en parle le même historien :

« Cette église a 168 pieds de long, 73 de large et autant de hauteur. Le cintre de la charpente en bois de châtaignier, revêtu de lambris, et le réchaud de la flèche sont d'une construction savante, simple et d'une exécution digne de la curiosité des connaisseurs. Le 29 janvier 1645, un violent orage renversa l'aiguille du clocher, une des plus belles de la province. Il en coûta 10,000 livres pour la rebâtir avec la tour en 1647 (1). »

(1) Courtépée, Description part. du Dijonnais, t. II, p. 108.

CHAPITRE IV

L'intérieur de l'église; les épreuves des années 1815-1870;
les fondations.

L'église de Saint-Apollinaire a un porche sous la tour du clocher.

Après l'avoir franchi, on se trouve en face de la porte d'entrée, dont les ferrures sont remarquables. Ce sont des bandes travaillées dans le genre de ces « curieuses *pentures* du moyen âge, qui ont pour double but d'orner les battements de la porte de leurs gracieux enroulements, en même temps qu'elles en assurent la solidité (1). » Le dessin en a été pris, nous dit-on, plusieurs fois par des amateurs.

(1) Bourassé.

L'intérieur de l'église actuelle n'a plus guère que deux souvenirs de son antique origine : son abside romane et son vénérable puits, que le sceptique Courtépée dit « aussi profond qu'artistement travaillé, et dont l'eau est si salutaire qu'elle a passé longtemps parmi les peuples pour miraculeuse (1). »

Déjà, dans la première partie de ce travail, nous avons exprimé deux regrets :

Celui d'une réparation faite « à la moderne » dans l'abside de la chapelle de la sainte Vierge, qui fermait le bas côté du sud ; et celui du dédaigneux abandon que subit depuis si longtemps un puits qualifié miraculeux, et que, en tout cas, nos pères de tous les âges ont honoré pour sa vertu curative.

Pourquoi donc faut-il que cette manie de *faire neuf* nous expose si souvent à voir disparaître tout ce qu'ont aimé et vénéré nos ancêtres ?

Au mur du côté du nord est appendu un grand tableau qui, dès l'entrée, attire les regards

(1) Courtépée, t. II, p. 239-240.

du visiteur : c'est la vision de sainte Angèle de Mérici, la vierge de Decinzano, sur le lac de Garde, fondatrice, au milieu du seizième siècle, de l'ordre des Ursulines.

Voici cette vision, d'après les Petits Bollandistes de Mgr Guérin (1) :

« Elle était dans les champs avec ses compagnes... Elle s'était retirée à l'écart, selon son habitude, pour prier plus recueillie. Aussitôt elle aperçut dans la voûte céleste une brillante

---

(1) Les grands Bollandistes n'ont pas donné la vie de cette sainte. Ils ont simplement mentionné son nom parmi les *prætermissi*, au t. III, du 21 mars, avec une note critique pour dire qu'ils ont demandé avec instance, *sollicite inquisivimus*, si son culte était reconnu, et qu'on leur a répondu négativement de Rome. — C'était dire que cette religieuse n'était point béatifiée, ni son culte autorisé nulle part. — Voir la p. 225 du 3e vol. du mois de mars, dans l'édition Palmé.

Mais cette réponse avait été faite aux pères Papebrock et Henschenius, dans la seconde moitié du dix-septième siècle !

Comment se fait-il donc que les savants *chercheurs* de notre temps, dans la dernière édition de Paris, l'aient imprimée en 1865, quand le pape Clément XIII avait béatifié cette sainte fille depuis un siècle, par décret du 30 avril 1768, et que Sa Sainteté Pie VII l'avait solennellement canonisée le 24 mai 1807, — selon le martyrologe romain !

échelle, semblable à celle de Jacob. Un nombre infini de vierges chrétiennes y montaient deux à deux, la tête ornée des plus riches couronnes. Elles paraissaient soutenues par autant d'anges vêtus de blanc, et portant au front une pierre précieuse d'une beauté ravissante; en même temps une voix lui dit : Courage, Angèle ! avant de mourir, vous établirez dans Brescia une compagnie de vierges semblables à celles que vous venez de voir. »

Angèle fit part de cette vision à ses compagnes; puis, paisible et résignée, elle attendit pendant vingt ans que Dieu lui fournît les moyens d'accomplir cet oracle; mais elle commença dès lors, à Decinzano, de faire l'essai et comme un noviciat de tout ce qu'elle devait exécuter un jour à Brescia (1).

Telle est la vision qu'un peintre inconnu a reproduite sur la grande toile qui se voit dans l'église de Saint-Apollinaire. C'est un don des dames Ursulines, quand elles possédaient le château et la seigneurie de ce village.

(1) Petits Boll., au 31 mai, t. VI, p. 328-329.

Un autre meuble de cette église, fort curieux par la place qu'il occupe, c'est la chaire à prêcher.

Elle n'a rien de remarquable, si ce n'est la singulière idée qui la fait s'engager à moitié, avec son abat-voix et son escalier, dans le mur même de l'église.

Quel motif y a-t-il à ce genre de chaire?

Nous avons trouvé des exemples de chaires chrétiennes semblables dans quelques grandes églises, du treizième et du quatorzième siècle, à Beaulieu, comté de Hampshire, en Angleterre, et à Faye-la-Vineuse, au diocèse de Tours; mais du motif qui portait à adopter un tel modèle, pas un mot. Nous avons consulté, et voici les opinions que nous avons pu recueillir :

Un des chanoines de la cathédrale de Dijon, érudit et grand chercheur, a émis cette idée d'ordre purement naturel. « C'est peut-être pour laisser mieux voir l'ensemble de l'ornementation intérieure; la chaire à prêcher ne masquant plus la partie supérieure de l'église par son meuble encombrant. »

D'autres croient trouver le motif de ce singulier genre de chaire dans le symbolisme chrétien ; la chaire d'enseignement ainsi placée dans le côté droit du mur de l'église, représentant le côté ouvert du Sauveur sur la croix (1).

La même église a un devant d'autel peu ordinaire, et qui fait surtout honneur à la pieuse patience de son auteur.

C'est une tapisserie de la hauteur et de la longueur de l'autel. Elle reproduit en perles fausses, de nuances et de dimensions diverses, les touchants symboles du mystère eucharistique : le lys et la marguerite y étalent leurs riches couleurs, entremêlés de colombes qui regardent l'Agneau de Dieu.

Celui-ci préside au centre, porteur d'une croix légère à banderole, environné de la couronne de cruelles épines (2).

(1) Nous apprenons que les récentes réparations de l'église de Saint-Apollinaire ont exigé le déplacement de la chaire à prêcher, et que le vide qui en résultait dans le mur a été rempli par une statue du saint patron. La pensée est heureuse ; car, il faut le reconnaître, ce genre de chaire n'est pas recommandable. L'orateur y fait triste figure dans l'espace trop étroit qu'il occupe.

(2) Un amateur en a offert, dit-on, jusqu'à 1,200 francs. — Que ne revient-il faire ses offres ? nous disait récem-

L'autel est en bois, avec une porte à son flanc gauche. Il rappelle ainsi celui qui offrit un salutaire asile au gardien de l'église dans le récit du moine anonyme. Son gradin supérieur est surmonté d'un retable où l'on voit, en personnages de petite taille, les mystères de l'Incarnation et de la naissance du Sauveur.

Un prêtre du diocèse, retiré à Saint-Apollinaire en ces derniers temps, M. l'abbé Truffet, l'estimait assez pour prendre à sa charge la dépense nécessitée par le renouvellement de sa dorure.

La voûte a été remplacée par un plafond en mauvaises planches, probablement à la suite de l'incendie du 23 mai 1701 ; et le curé actuel, M. l'abbé Guéritte, cherche présentement les fonds nécessaires pour la réédifier sur son premier plan. Nous souhaitons vivement que son pieux zèle soit couronné du succès auquel a droit un édifice aussi intéressant par les grands souvenirs qui s'y rattachent.

---

ment le curé actuel... ce serait jour de fête pour la fabrique à cause de nos urgentes réparations.

Il nous reste à dire un mot des épreuves du village de Saint-Apollinaire pendant les grandes invasions des alliés en 1814 et 1815, et des Allemands, dans la deuxième partie de ce même siècle, 1870-1871.

L'année sanglante de 1814 a vu tomber, en France, cet empire colossal qu'un génie étonnant, après les orgies révolutionnaires de la fin du siècle précédent, avait édifié dans la gloire des combats. C'est à Fontainebleau que Napoléon Ier a écrit les lignes suivantes, qui contiennent son abdication sous une forme pleine de grandeur :

« Les Puissances Alliées ayant proclamé que l'Empereur était *le seul obstacle* au rétablissement de la paix en Europe, l'Empereur, fidèle à son serment, déclare qu'il renonce, pour Lui et ses Enfants, aux trônes de France et d'Italie, et qu'il n'est aucun sacrifice, même celui de la vie, qu'il ne soit prêt à faire aux intérêts de la France. »

Signé : NAPOLÉON (1).

---

(1) *Hist. de France*, par A. Gabourg, t. XX, p. 269.

Cet acte, suivi de l'exil à l'île d'Elbe du grand conquérant des temps modernes, laissa la France en paix, au moins du côté de l'étranger, durant les dix mois que dura la première Restauration.

Il n'en fut pas de même après la campagne de 1815, à la suite du désastre de Waterloo.

Alors 150,000 soldats étrangers durent rester, pendant trois ans, sur le sol français, entretenus et nourris à nos frais, pour faire la police de l'Europe en France; sans parler des 800 millions d'indemnité de guerre qu'il fallut payer aux alliés (1).

M. Victor Dumay, dans le Supplément de Courtépée, au tome IV, page 682, fait allusion à ce lamentable état des choses en ces termes:

« C'est au levant de Saint-Apollinaire, dans un pré sur le bord septentrional de la route, au pied de la descente, qu'a été passée, le 6 octobre 1815, la grande revue des troupes étrangères campées dans les plaines de Couternon, d'Arc-sur-Tille et des villages voisins. Elle eut lieu en présence de souverains, princes

---

(1) Duruy, *Hist. popul. de France*, t. IV, p. 419.

et hauts personnages, au nombre de plus de deux cents, dont voici les principaux :

Pour l'Autriche :

« L'empereur François II; l'archiduc impérial prince héréditaire; l'archiduc Louis, frère de l'empereur; les archiducs Ferdinand d'Autriche d'Este, et Maximilien d'Autriche d'Este; le feld-maréchal prince de Schwartzemberg, commandant en chef de l'armée; le grand chambellan comte de Wurbua; le feld-zeugmeister baron Duka; le comte de Trautmansdorf.

Pour la Russie :

« L'empereur Alexandre, les grands-ducs Nicolas et Michel; le major général prince Wolcousky; le comte lieutenant général Czernitschef; le comte de Nesselrode; le comte Lamanoff, grand écuyer; les comtes Oujarowsky et Van Ouvaroff, adjudants généraux.

Pour l'Angleterre :

« Le duc de Wellington, prince de Waterloo, commandant en chef de l'armée anglaise; lord Apsley; le général Barnett; les colonels Hervey et Hamilton.

Pour la Bavière :

« Le prince Charles de Bavière; le prince de Wrede, commandant en chef l'armée bavaroise; le prince de Lichtenstein; le prince Von Théobald; le général major Deroy.

Pour le Wurtemberg :

« Le prince royal de Wurtemberg; le général Latour.

Pour la Saxe :

« Le prince Frédéric de Saxe; le prince Clément de Saxe et le prince de Saxe-Cobourg.

Pour Bade :

« Les généraux Stokehorn et Von Stern.

Pour la Hesse :

« Le prince Emile de Hesse; le prince de Hesse-Hombourg et le prince de Hesse-Philipstadt.

« La veille de cette grande revue, le jeudi 5 octobre, il y avait eu de grandes manœuvres et un simulacre de guerre exécuté par l'armée autrichienne, composée de 132,000 hommes, dont 30,000 cavaliers. »

Il est inutile de relever ici les longues et désolantes vexations qui résultèrent pour Saint-Apollinaire et les autres villages autour de Dijon occupés ainsi militairement par un ennemi enfin victorieux. On les devine d'autant mieux que l'on sait la terreur inexprimable que lui avait inspiré le fouet sanglant du glorieux monarque tombé.

Mais c'est le sort des propriétés riveraines et des populations voisines des grandes villes d'être exposées, en temps de guerre, au fer meurtrier et au feu ravageur des ennemis. Toute la Bourgogne, avec Dijon, sa capitale, et les villages qui l'environnent d'une si riche couronne de céréales et de pampres, l'ont encore expérimenté durant la malheureuse guerre de 1870-71.

Cette désastreuse guerre, dont nous évoquons ici le douloureux souvenir, fut un cruel châtiment de nos fautes et de notre incroyable présomption. Tout son ensemble révèle une malédiction sur notre pays; mais plusieurs faits glorieux, pris dans ses détails, montrent le grand profit qu'une intelligence prévoyante et habile aurait pu tirer de la valeur française, jusqu'au dernier moment. Le combat du 30 octobre à Dijon en fournit une nouvelle preuve.

Cette bataille absolument improvisée commença à huit heures environ du matin, entre Varois et Arc-sur-Tille; et nos Français n'avaient pas un seul canon.

« L'avant-garde de la division badoise de Beyer, dit le feld-maréchal de Moltke, suffit pour repousser les postes avancés (1) des Français sur la Tille. Le village de *Saint-Apollinaire* et les hauteurs contiguës furent enlevés à midi, et en dépit d'un feu violent. Le gros des Badois étant arrivé dans l'intervalle, à trois heures six batteries allemandes ouvrirent le feu. Les vignobles et plusieurs fermes des environs, mais surtout le Parc qui s'étend au sud de Dijon, et dans lequel on avait élevé des barricades, constituaient des positions extrêmement avantageuses pour les défenseurs. L'infanterie

---

(1) Un bataillon de chasseurs et quelques soldats d'infanterie ; en tout sept cents hommes.

badoise n'en progressait pas moins sans discontinuer, et, faisant une attaque enveloppante, elle pénétra dans le faubourg du nord et dans celui de l'est.

» Là s'engagea une lutte acharnée, à laquelle les habitants prirent une grande part. Les Allemands enlevaient maison après maison ; mais arrivés au ruisseau du Suzon, très encaissé, qui, à l'est, forme la limite de la ville proprement dite, ils ne purent plus avancer. Il était déjà quatre heures, et il ne fallait pas songer à arriver à un résultat avant la tombée de la nuit. Aussi le général de Beyer interrompit-il le combat. Les bataillons furent ramenés en arrière ; ils cantonnèrent dans les localités les plus rapprochées et l'artillerie seule continua à tirer.

» Les Allemands avaient perdu tout près de cent cinquante hommes ; et les Français, environ cent. En outre, on leur avait fait deux cents prisonniers (1). »

---

(1) *La Guerre de 1870*, par le feld-maréchal comte de Moltke, chef du grand état-major. — Dans les opérations du XIVe corps, p. 208.

Le colonel Fauconnet, qui commandait à Dijon, et avait jugé la résistance plutôt nuisible, à cause du manque d'artillerie, fut tué sur le champ de bataille, dans l'après-midi.

Ailleurs nos ennemis ont raconté eux-mêmes l'admiration qui les saisit au spectacle qu'ils eurent sous les yeux quand ils s'installèrent en vainqueurs à Saint-Apollinaire, sur le plateau qui domine la ville, du côté de l'est (1).

« A onze heures et demie de la matinée du 30 octobre 1870, le prince de Bade était devant Saint-Apollinaire. Aussitôt six de ses canons écrasent la position d'obus ; puis, remarquant qu'elle n'était défendue par aucun canon français, les Allemands se ruent, avec un hurrah formidable, sur la hauteur qui est emportée au premier élan. De là on aperçoit Dijon :

» Un rayon de soleil illuminait la fière et antique capitale de la Bourgogne qui gisait à nos pieds. Au loin en arrière se dressaient les pyramides plus noires de Talant et de Fontaines,

(1) Nous tirons ces renseignements d'un travail intitulé : *Les trois batailles de Dijon en 1876*, p. 49-63... par P.-A. Dormoy, lieutenant aux francs-tireurs.

pendant que du côté du nord, comme du côté du sud, sur les pentes riches en vignobles de la Côte-d'Or, les villages se détachaient en blanc comme des bas-reliefs sur la couleur sombre de l'arrière-plan (1).

» Tenant Saint-Apollinaire, les Allemands tenaient Dijon ; ce n'était plus qu'une question d'heures, et ils avouent avoir admiré leur proie avant de la saisir. Mais on leur reproche à juste titre de n'avoir pas respecté les ambulances. Celle des Capucins, en particulier, dont le toit portait plusieurs drapeaux blancs à croix rouge, a été criblée de projectiles. Quarante y ont pénétré en moins d'une demi-heure, et plusieurs ont éclaté jusque dans la salle qui abritait des blessés mourants. »

La convention qui mit fin à une lutte aussi disproportionnée, fut signée à Saint-Apollinaire le lendemain du combat, 31 octobre, à 10 heures du matin, par le général de Beyer, du côté des Allemands; et, de notre côté, par le maire de Dijon, M. Dubois, assisté du chef

(1) Lœhlein, capit. allemand., t. III, p. 67.

spirituel du diocèse, Mgr Rivet. Elle rend un hommage mérité à la bravoure des défenseurs improvisés de cette ville ouverte; elle portait :

1° Le versement d'une caution de 500,000 fr. par la ville;

2° La promesse que le chiffre des hommes qu'elle aurait à nourrir et à héberger ne dépasserait pas 20,000 hommes;

3° Que les personnes et les biens seraient respectés, et qu'une amnistie plénière couvrirait tous les belligérants, même ceux qui auraient combattu en civil.

Comme on le voit, la ville avait obtenu les meilleures conditions possibles; celles qu'on ne fait qu'aux forteresses longtemps bombardées.

Alors, comme en 1815, Saint-Apollinaire dut à son site plus élevé d'avoir le quartier général des Allemands sur son sol pendant et après la bataille, avec les réquisitions quotidiennes et la dévastation plus complète de son territoire; et comme les logements manquaient, on raconte que l'église servit de dortoir et d'abri aux soldats vainqueurs.

Ces événements déplorables s'accomplirent

du mois d'octobre 1870 à la fin de février 1871 ; mais s'ils étaient douloureux pour nous, nos ennemis s'en montraient d'autant plus heureux et plus fiers que leur triomphe, hélas ! plus complet encore en cette triste campagne, coïncidait avec celui dont, cinquante-cinq ans plus tôt, ils avaient joyeusement célébré la fête, au même lieu, en 1815. Aussi, après la désastreuse paix de Bordeaux, résolurent-ils d'imiter leurs aïeux par une pompeuse revue de leurs troupes victorieuses, suivie d'un banquet monstre, qui se tint au hameau de Sully, dans la propriété actuelle de M. Martin, aujourd'hui maire de Saint-Apollinaire.

Cet antique village laisse voir, au bas de son petit hameau, une grande statue en pierre dont l'origine et le nom sont une énigme. Elle domine le clos de M. Martin, à quelques centaines de mètres de la route départementale à l'est en sortant de Dijon. Ce n'est qu'une ruine, vénérable comme le sont toutes ses sœurs ; une ruine entièrement muette, sans inscription, sans cachet, sans le moindre vestige capable d'en révéler l'âge. Mais elle me rappelle les vieux souvenirs de mon enfance dans mes voyages au petit et au grand séminaire.

Tous les élèves du côté de Pontailler, Lamarche, Mirebeau, et ceux des bords de la Vingeanne, aimaient à saluer au passage cette vieille figure cyclopéenne dont les lignes, vues de loin, ne permettaient plus la critique. Nous lui donnions couramment le nom du pays, Saint-Apollinaire, sans trop nous inquiéter d'en fournir la preuve. C'était pour nous le patron du village, qu'il bénissait depuis des siècles, et sa vue nous réjouissait au départ, avec l'entrain des vacances; elle nous réjouissait encore au retour, en annonçant le terme longtemps désiré du voyage.

Mais la tradition locale lui donne le nom de *Père Noël* sans qu'il ait été jusqu'ici, je crois, possible aux plus érudits d'en trouver la raison; et c'est peut-être à ce nom bénin qu'elle doit d'avoir été préservée des fureurs révolutionnaires de la fin du siècle précédent et des excès parfois semblables de celui que nous finissons.

M. Martin, le maire du village, en a fait récemment restaurer les mutilations et consolider la base ; puis il l'a environnée d'une plantation de vigne, en mémoire du nom que la tradition persiste à lui garder.

Il reste bien peu de choses du prieuré-cure de Saint-Apollinaire :

Un enclos de deux journaux à peu près, environné d'une haie vive, amodié soixante francs par la fabrique, montre le jardin et la place où fut le presbytère : mais de celui-ci on ne voit plus rien.

Puisque la cure a été reconnue par le gouvernement français à l'époque du Concordat, il faut dire que le presbytère est devenu propriété communale, selon le style officiel, et que la commune a laissé tomber les bâtiments presbytéraux pendant le long temps qu'ils n'ont pu être occupés faute de prêtre. Alors, comme aujourd'hui, le service religieux s'est fait par un délégué du clergé de Dijon, agréé comme curé non-résident, avec une indemnité de logement par la commune.

Mais les Archives départementales nous ont livré trois pièces relatives à la dîme de M. le curé de Saint-Apollinaire, entre lesquelles se trouve :

« Le jugement des requêtes du palais, rendu entre le dit curé et Mgr l'Evêque de Dijon, le 12 juillet 1784, portant que le sieur évêque lèvera la portion de dîme appartenant au curé, pendant le litige, et qu'il payera au dit curé *1,200 livres* par an (1). »

Cette pièce donne à entendre que les rapports de Saint-Apollinaire avec l'abbaye de Saint-Bénigne avaient été modifiés, sans doute à l'époque de l'érection du siège épiscopal de Dijon ; car antérieurement l'abbaye avait l'intendance du prieuré, et encore au dix-septième siècle, d'après Bouchu, « son revenu se confondait avec celui de l'abbaye bénédictine (2). »

De plus, les 1,200 livres que l'évêque avait l'obligation de payer au sieur curé pendant le litige représentent la valeur approximative de

---

(1) Arch. départ., I. II, 79.
(2) Bouchu, *Description générale de la Bourg.*, art. V.

la dîme; et comme celle-ci formait son principal revenu, il faut admettre que la situation temporelle du curé-prieur, en l'année 1784, était loin d'avoir l'importance d'autrefois.

Les *Analecta divionensia*, dans la continuation de la Chronique bénédictine, signalent plusieurs fondations, entre lesquelles on remarque la suivante :

« Un prieur de Saint-Apollinaire, nommé Huot de Ray, donne, avec l'assentiment de son père et de sa mère, une rente de vingt francs au prieuré, outre sa maison de la Tannerie, *præter domum de la tannerie*. »

Cette pieuse fondation témoigne de l'affection du prieur Huot de Ray pour le poste qu'il occupe, et la lecture du chapitre des *Analecta* fait remonter cette libéralité au milieu du quatorzième siècle, sous le gouvernement de l'abbé Pierre VII, le soixante-dixième abbé de Saint-Bénigne (1).

---

(1) *Analect. continual.*, p. 213. — Une note, à cette page, dit que cet abbé Pierre, en 1354, accompagna le cardinal Guy de Bologne, lorsqu'il fut envoyé en Espagne par le Pape pour y rétablir la paix entre les rois de Castille et d'Aragon, et nous donne ainsi la date des faits, au moins approximativement.

Les Archives départementales signalent, à leur tour, les fondations suivantes :

En l'année 1540, un habitant de Saint-Apollinaire, Clément Moissenet, « donne une rente annuelle et perpétuelle de *trois gros* pour l'entretien de la messe des trépassés (1). »

Cette fondation témoigne de la dévotion des habitants pour les âmes du purgatoire, au milieu de ce seizième siècle qui a entendu les extravagances protestantes contre la prière pour les morts.

« Au 27 août 1742, fondation par dame Anne Tabourot, à perpétuité, d'une Amend'honorable au St Sacrement le 1er jour de chaque mois. Laquelle fondation est transférée par l'évêque au 1er dimanche du mois, avec exposition et bénédiction en terminant l'office.

---

(1) Arch. départ., I. 627. — Remarquons qu'il est assez difficile d'apprécier cette fondation, avec des données aussi vagues.

De quel gros s'agit-il ? — Sous Philippe le Bel, d'après le *Dictionnaire de Numismatique* de l'abbé Migne, le gros royal était une pièce d'or qui valait 20 s. parisis. S'il s'agit de celui-là, le plus riche d'ailleurs, la fondation représentait une rente annuelle d'environ trois francs.

Idem : « Fondation, dans la même église... par Huguette Fouquet, femme de Cl. Clerc, par laquelle elle fonde à perpétuité l'exposition et la bénédiction du St Sacrement, et un *de profundis*, les dimanche, lundi et mardi qui précèdent le mercredi des cendres (1). »

La même pièce ajoute à la fin :

Pour donner plus de force aux dites permissions, nous y avons apposé le sceau de Mgr Bouhier, évêque de Dijon... ce 8 mars 1752. — Signé, Joly-Vallot, vic. général.

Ces deux dernières fondations, dont les frais ne sont pas exprimés dans le texte, rendent de nouveau un précieux témoignage de la piété des fidèles envers le dogme sacré de la présence réelle de Notre-Seigneur dans la sainte Eucharistie.

Elles sont aussi un exemple touchant de leur zèle à unir cette dévotion à celle de nos suffrages pour les saintes âmes qui attendent par nos prières l'application sur elles des mérites infinis du

---

(1) Arch. départ., l. H, liasse 627.

Rédempteur Jésus, et, par là même, la bienheureuse abréviation de leur temps de dures souffrances.

La fin du siècle dernier, qui a vu tant de grandeurs noyées dans le sang, en expiation des péchés de la pauvre France officielle devenue ivre de luxure et d'orgueil, a vu aussi beaucoup de communes changer leur nom en un autre, quand le premier rappelait quelque souvenir chrétien. Saint-Apollinaire ne pouvait échapper à cette sotte aberration du peuple, sous la pression de ses édiles des mauvais jours ; et il devint *Fontaine-Soyer* durant ces temps troublés.

Pourquoi ce nom préféré à tout autre ?

Il faut d'abord reconnaître que « la fontaine » joue un rôle fort important dans l'histoire de cette petite localité.

C'est une fontaine dite « miraculeuse » qui est abritée sous le toit de son église ; et les statues païennes, qui ont été exhumées du sol de son voisinage, donnent à penser, ainsi que nous l'avons insinué au début (1), que

---

(1) Voir chap. IV de la première partie, p. 67.

l'église elle-même a succédé à un temple païen, purifié par les prières liturgiques, et transformé en basilique chrétienne sous l'inspiration et par les soins de sainte Clotilde.

Mais il est constant, Courtépée lui-même en rend un témoignage qui confirme celui du moine anonyme de Saint-Bénigne, que pendant de longs siècles, la dévotion des habitants de Saint-Apollinaire a cherché secours et protection dans l'eau de cette fontaine contre les infirmités humaines, comme aussi contre « ces pestes de vermine » qui rongent parfois les fruits des jardins et qui dévastent les campagnes. Nous savons encore, par les Archives communales, qu'une démarche a été faite, il y a quelque trente ans, auprès de l'autorité diocésaine, pour obtenir le libre usage de cette eau, en l'amenant au dehors, au moyen d'une pompe, dans une auge de vaste dimension ; permission qui n'a pu être accordée.

Ces détails suffisent à établir l'affection des habitants pour la fontaine, et ils nous préparent à les voir en adopter le nom comme partie principale de celui qu'ils vont imposer au pays.

Et néanmoins ce ne sera plus la fontaine de l'église qu'ils honoreront de leur choix ; ce sera une *fontaine laïque*, selon le style du jour, également sise dans une partie plus basse du village : la Fontaine Soyer, du nom d'un ancien propriétaire, selon toute probabilité.

Arrêtons ici cette seconde partie de nos modestes notes sur le village et l'église de Saint-Apollinaire, en exprimant le vœu de voir ses laborieux habitants se montrer toujours dignes de la grande Reine sainte Clotilde, qui a fondé l'un et l'autre.

CHAPITRE V

La Notice historique sur le village et l'église de Saint-Apollinaire en réclame une autre sur le martyr qui a donné son nom glorieux au pays qui nous occupe ; et nous allons essayer d'y faire droit en insérant ici, dans ce chapitre, un court résumé de la vie de ce grand saint.

VIE ABRÉGÉE DE SAINT APOLLINAIRE

Son pays d'origine ; s'il fut du nombre des 72 disciples ; sa mission à Ravenne ; ses divers exils ; il est dénoncé à Néron et à Vespasien ; sa mort en l'an 79 ; ses gloires posthumes.

Ce fut sous l'empire de Claude, vers l'an 42, que saint Pierre quitta Antioche, la reine de l'Orient, pour venir à Rome, la capitale du

monde connu. Il amenait avec lui plusieurs
fidèles, entre lesquels, dit M⊃gr&/sup; Guérin dans ses
Petits Bollandistes, était Apollinaire, « disciple
de Notre-Seigneur. »

C'est donc de la ville d'Antioche que sortirent les compagnons du prince des apôtres
pour venir avec lui dans son premier voyage à
Rome. On en a conclu qu'ils appartenaient,
soit par droit de naissance, soit par droit de
cité, à cette ville célèbre où les chrétiens venaient
de prendre leur nom (1) pour se distinguer des
juifs, et la tradition n'y contredit pas.

De plus, un certain nombre d'auteurs anciens,
que M⊃gr&/sup; Guérin favorise de son approbation implicite, comme on vient de le voir, ont ajouté
« qu'il était disciple de Notre-Seigneur, » c'est-
à-dire, qu'il appartenait à ces *soixante-douze privilégiés* que le Fils de Dieu fait homme « envoyait devant lui dans toutes les villes et les
bourgades par où il devait passer, pour lui
préparer les voies (2). »

---

(1) Act. des apôtres, XI, 26.
(2) Saint Luc, chap. X, 1.

C'est en effet la pensée du chanoine de Ravenne, André Agnello, que saint Apollinaire, dont il loue la science dans les lettres grecques et latines (1), fut du nombre des *soixante-douze* disciples.

Cet auteur écrivait, au neuvième siècle, l'histoire des évêques de sa ville natale (2); et son travail est fort précieux pour les renseignements qu'il donne des coutumes ecclésiastiques à cette haute antiquité. Toutefois, la biographie de l'abbé Migne, dans sa notice sur Agnello, ajoute : « Il faut se tenir en garde contre sa prétention de faire valoir le siège de Ravenne à l'égal de celui de Rome (3). »

(1) *Græcis et latinis litteris eruditus.* — Bolland., t. V julii, p. 350.
(2) Le travail d'Agnello a été publié en 1708 par le bénédictin Bachini, qui le tirait de la bibliothèque de la maison d'Este. Il a pour titre: *Agnelli, qui et Andreas, abbatis sanctæ Mariæ ad Blachernas, Liber pontificalis, sive vitæ pontificum Ravennatum.* 2 vol. in 4°. — (Migne, dans l'art. sur *Agnello*.)
(3) L'*Histoire ecclésiastique* constate l'aberration de plusieurs évêques de Ravenne, qui ont revendiqué pour le siège d'une ville, dont l'empereur Honorius, en l'an 404, avait fait la capitale de l'Occident, des privilèges supérieurs à ceux des autres patriarches, et entièrement semblables à ceux que s'attribuaient les évêques de Constantinople.

Pierre de Natalibus avec plusieurs autres (1) formulent la même pensée, et les grands Bollandistes, après avoir cité ces auteurs, s'expriment ainsi : « Nous ne sommes pas éloignés d'acquiescer à ce sentiment, sans toutefois le tenir pour absolument certain, pas plus que nous ne donnerions pour prouvée l'opinion de ceux qui comptent saint Apollinaire au nombre des soixante-douze disciples (2). »

Ce serait assurément une nouvelle gloire pour saint Apollinaire d'avoir reçu sa mission directement du Sauveur, et de l'avoir suivi à travers toutes les villes et les bourgades de la Palestine (3), pendant les trois années de sa vie publique; mais nous n'avons que des présomptions en faveur de cette opinion, et peut-

---

(1) Rubeo, à l'année 44, dit saint Apollinaire citoyen d'Antioche, *vir Antiochenus*. — Fabri et Ugello, dans l'*Italie sacrée*, t. II, col. 327, le désignent sous des expressions semblables.

(2) Nobis vero adeo illud non displicet, ut non inviti sanctum Antiochenis demus; quamquam plane certo de illa re nobis nondum constet, nec magis exploratum sit an sanctus, prout de ipso traditur, extiterit unus e septuaginta duobus Christi discipulus. Bolland., t. V, julii, p. 329.

(3) Luc, chap. X, 1.

être faut-il en chercher la source dans le désir immodéré du chanoine Agnello de faire valoir le siège de Ravenne à l'égal de celui de Rome (1).

En restant donc dans les limites qu'une sage présomption nous permet d'admettre, nous dirons avec Ughello, le savant cistercien du dix-septième siècle, que saint Apollinaire était un personnage marquant d'Antioche, *Vir Antiochenus*, quand il s'attacha à l'apôtre saint Pierre.

L'arrivée du prince des apôtres à Rome est fixée par Eusèbe et par saint Jérôme, à l'an 42 (2); et voici, d'après l'abbé Laurent, les noms de ses compagnons de voyage :

« Marc, l'évangéliste; Rufus, le fils du Cyrénéen (3), plus tard évêque de Capoue;

---

(1) Ce fut pour se mettre mieux à l'abri des invasions barbares que le faible Honorius, après les victoires successives de Stilicon, son gendre et le lieutenant de sa milice, à Pallentia et à Vérone, en 403, transféra sa cour à Ravenne, dont il fit ainsi la capitale de l'empire d'Occident; et ce fait porta les évêques de ce siège à revendiquer les privilèges excessifs de Constantinople.
(2) Eusèbe, *Chron. ad Claud.* — *Hist. eccl.*, II, 14. — Hieron., *de Viris illust.*, I.
(3) Selon Usuard et Adon dans leur *Martyrologe*.

Pancratius, envoyé ensuite à Taorminia, dans la Sicile; Marcien, préposé à Syracuse; Apollinaire, consacré évêque de Ravenne; Paulin, préposé à l'Eglise de Lucques; et Martial, un des apôtres des Gaules (1). »

Il n'est pas douteux que tous, sous l'inspiration du chef vénéré qui les excitait, ont commencé immédiatement à répandre la bonne semence de la doctrine évangélique dans la grande cité qui se glorifiait, à juste titre, d'être la tête du monde (2).

Le Maître leur avait dit :

« Allez d'abord vers les brebis perdues de la maison d'Israël... Prêchez l'Evangile à toute créature..., et voici vos pouvoirs pour confirmer cet enseignement divin auprès des peuples :

» Guérissez les malades; ressuscitez les morts; purifiez les lépreux; chassez les démons, et tout comme vous avez reçu gratuitement, donnez gratuitement (3). »

(1) Abbé Laurent, *Les premiers convertis au Christ.*, p. 132.
(2) Roma caput mundi.
(3) Saint Matt., X, 6.

Le père Pinius, dans les grands Bollandistes, a cherché l'année de l'ordination et de la mission de saint Apollinaire à Ravenne, sans trouver rien de sûr à cet égard. Le cistercien Ughello croit toutefois pouvoir mettre cette date à l'année 44, deux ans après l'arrivée des saints missionnaires à Rome. Après ce laps de temps donné à la prédication évangélique chez les Romains, l'apôtre saint Pierre tint ce discours à son cher disciple :

« Pourquoi rester tous au même lieu? Vous voilà instruit de la vie et des enseignements du divin Sauveur. Levez-vous donc ; recevez le Saint-Esprit avec le pontificat, et allez à Ravenne. Il y a là un grand peuple qui vous attend. Annoncez-lui ce saint nom de Jésus en qui est le salut, la résurrection et la vie du monde ! Soyez fort ; et ne craignez pas ! c'est le vrai Fils de Dieu qui vous envoie ; Lui dont la puissante parole guérit les malades et fait revivre les morts !... »

Et après beaucoup d'autres discours, le bienheureux Pierre fit sa prière la plus fervente ; il bénit Apollinaire ; il imposa ses mains vénérables sur sa tête inclinée, puis il ajouta :

« Le Seigneur Jésus qui vous a choisi enverra son ange devant vous et il exaucera toutes vos demandes. Il le baisa ensuite au front, et lui dit : Allez en paix ! (1).

Le fidèle disciple, fortifié par les avis et la bénédiction de son père, prit incontinent le bâton du voyage et franchit à pied, sans regarder en arrière, la longue distance qui sépare Rome de la capitale des Romagnes, alors Flaminia ; puis, comme il approchait des portes de la ville, il plut à Dieu de confirmer par deux miracles les prémices de sa mission au milieu des païens de cette contrée.

Ecoutons le récit qu'en donne le père Pinius, sur la foi d'un vieux manuscrit du monastère de Fulde (2), qu'il avait sous les yeux :

« Lorsque le bienheureux Apollinaire fut près de Ravenne, il reçut l'hospitalité dans la maison d'un soldat asiatique, nommé Hérénée

---

(1) Bolland., au t. V de juillet, p. 345.
(2) Le plus célèbre monastère de l'Allemagne, de l'ordre de saint Benoit, fondé l'an 744, par saint Boniface, avec l'aide du roi Pépin. — (*Dictionnaire des abb. et monast.*, Migne.)

ou Irénée; et quand celui-ci eut appris du saint voyageur son pays d'origine et les motifs de sa mission, il lui dit :

« Étranger! j'ai ici un enfant aveugle. S'il y a quelque vertu secrète dans ta prédication, montre-nous-le en guérissant mon fils, pour qu'il suive ton Dieu en pratiquant sa doctrine. »

Plein de confiance et de joie, le saint missionnaire fait venir l'enfant devant lui; et là, en présence de toute l'assistance, il se contente d'imposer le signe sacré de la croix sur les yeux de l'aveugle, en disant à haute voix :

« O Dieu, qui êtes en tous lieux par votre immensité, apportez à ce peuple la connaissance de votre saint Fils Jésus; et faites, par votre vertu toute-puissante, que non seulement les yeux corporels de cet enfant soient éclairés, mais faites encore que les yeux intérieurs de l'âme de tous ceux-ci soient ouverts à la connaissance de la vérité divine, pour qu'ils adorent votre Fils Jésus, avec le Père et l'Esprit-Saint, comme le seul vrai Dieu, et que la prédication de votre saint Nom produise en eux son bon effet de salut. »

Il achevait à peine sa prière quand les yeux de l'aveugle furent ouverts; et son père avec toute sa parenté prosternés aux pieds de l'apôtre, lui demandaient la grâce du baptême (1).

Le second prodige qui manifesta la puissance du vrai Dieu aux habitants de Ravenne fut la guérison subite, par la prière d'Apollinaire, d'une femme abandonnée des médecins.

C'était l'épouse d'un tribun militaire, que les anciens manuscrits de Fulde désignent sous le nom de Tècle. Le tribun avait appris du soldat, son subordonné, la merveilleuse guérison de son fils aveugle par le saint apôtre, et il lui avait dit : « Amène-moi secrètement ce personnage, pour que j'en juge par moi-même. »

Ce fut vite fait; car le saint homme étant entré dans la maison du tribun, fit sa prière devant toute l'assistance, en disant :

« Que le Dieu des miséricordes vous ouvre les jeux du cœur à tous, pour que vous croyiez en Jésus-Christ, après avoir été témoins de ses

---

(1) Bolland., *ibidem.*

merveilles ; puis, prenant la main de la malade, il ajouta : Levez-vous de suite, au nom de Notre Seigneur Jésus, et croyez en lui !

La malade aussitôt se leva en s'écriant : « Non, il n'y a point d'autre Dieu que celui que prêche Apollinaire ! » Ce que voyant le tribun, sa famille et ses soldats, ils dirent, avec une sainte frayeur : « Il est vraiment Dieu celui qui fait de si grandes choses !.. et ils demandèrent le baptême. »

Le tribun militaire, devenu chrétien avec toute sa famille, offrit sa maison pour retraite au bienheureux Apollinaire, et il le garda chez lui pendant douze ans. Son apostolat y fut très fructueux auprès des habitants de Ravenne qui venaient l'entendre, recevoir de sa bouche l'instruction, de sa main les divins sacrements, de son cœur le confort des saintes consolations, puis, enfin, de sa puissante prière la guérison de leurs maux temporels et spirituels. Alors les charges du saint ministère devenant plus lourdes, il éprouva le besoin de se créer des aides en consacrant deux prêtres : Adhéret et Calocère, et deux diacres : le noble Marcien et le philosophe Léocadien, pour le service de son église.

Mais le bruit des conquêtes spirituelles du saint apôtre s'étant accru avec la multitude des nouveaux fidèles, il fut dénoncé au juge civil de Ravenne, Satorinus, comme l'ennemi des dieux de l'empire par les prêtres païens.

C'était la première fois qu'il paraissait, intrépide, devant ces juges barbares et cruels qui essayèrent, en vain, durant trois longs siècles, de défendre leurs dieux de pierre et de bois, en répandant le sang chrétien! Il confessa, devant le prétoire, son Dieu vivant et véritable, le seul éternel, le seul créateur des mondes, avec tant de force et des arguments si victorieux à l'adresse des vaines idoles, que les prêtres païens, irrités et confus, se ruèrent sur lui sans attendre la sentence. Ils le chassèrent du temple et de la ville même, et après toutes sortes de sauvageries exercées sur son corps réduit en lambeaux, ils le laissèrent pour mort sur les bords de la mer.

Mais les disciples du saint apôtre étant survenus en nombre le transportèrent chez une noble femme du voisinage, où ils le rappelèrent à la vie, en lui prodiguant les soins que réclamait son état. Il y resta caché durant six mois, après lesquels étant appelé chez un noble citoyen de Classe (1) que les médecins de la cité n'avaient pu soulager, il lui rendit subitement l'usage de la parole et le guérit, en invoquant le saint nom de Jésus-Christ ; puis il lui recommanda de mépriser les idoles et de croire un seul vrai Dieu qui vit et règne dans les siècles sans fin. A peine les assistants avaient-ils répondu : *Amen!* que la langue paralysée du malade fut déliée, et qu'il célébrait son rétablissement avec des transports de joie, en disant : Non, il n'y a point d'autre Dieu que celui d'Apollinaire!.. Et ce fut un grand jour de joie pour l'apôtre; car il eut plus de cinq cents personnes à inscrire au nombre des catéchumènes, à la suite de ce prodige.

Mais les païens ayant appris ces grands succès, en furent tellement irrités contre le saint confesseur qu'ils lui firent subir une cruelle

---

(1) Le manuscrit de Fulde lui donne le nom de Boniface.

flagellation; puis, ne pouvant l'ébranler, ils le firent marcher nu-pieds sur un brasier ardent et le chassèrent de nouveau de leur ville. Dieu avait permis ces épreuves pour le bien spirituel de toute la province; car le saint homme la parcourut en tous sens, portant partout la parole de vie avec grand profit. Trois ans plus tard, après un fructueux apostolat dans ces contrées, il revint à Ravenne, où son retour fut signalé par la résurrection de la fille du patrice Rufus, sa conversion et le baptême de trois cents personnes de sa famille.

Le bruit de tant de merveilles étant venu à la connaissance du sanguinaire Néron, alors empereur, il donna mission à un de ses émissaires, nommé Messalin, de rechercher le saint évêque de Ravenne pour le réduire par les supplices. Celui-ci fit comparaître l'apôtre devant lui, le fit de nouveau cruellement flageller, commanda de verser de l'eau bouillante sur ses plaies, de lui meurtrir la bouche et casser les dents. C'est alors que les nombreux disciples du saint martyr, révoltés de tant de cruautés, se précipitèrent sur les bourreaux, et qu'une effroyable collision s'ensuivit, dit le vieux parchemin de Fulde, dans laquelle plus de deux cents païens furent massacrés (1).

Le cruel Messalin s'était dérobé durant le tumulte, en donnant l'ordre de reconduire Apollinaire dans sa prison, où il fut secouru par un ange. Mais le persécuteur redoutant un mouvement dans la ville en faveur du thaumaturge, l'envoya secrètement en exil dans les diverses contrées de la Grèce.

Il serait certes bien édifiant, mais trop long, de suivre le saint martyr à travers les péripéties de sa longue vie de luttes, toujours glorieuses, dans le vaste champ d'épreuves qu'il a parcouru. Obligé de nous restreindre, contentons-nous d'en donner le résumé en quelques mots.

Après trois années d'exil, il revint dans le diocèse que l'apôtre saint Pierre lui avait confié. Il y fut reçu avec des transports de joie, et il continua d'y combattre l'idolâtrie, tout en

---

(1) Videntes autem christiani tantam impietatem commoti sunt ; et irruentes super paganos, tanta allisio fuit, ut subito amplius quam ducentos homines impiissimos interfecerunt. — Boll. ad t. V julii, p. 347, édit. Pal.

sanctifiant son peuple. Mais les prodiges qu'il semait sous ses pas en guérissant toutes les infirmités humaines, soulevèrent de nouveau la fureur des prêtres païens, et ils vinrent à Rome le dénoncer à l'empereur.

C'était Vespasien (1).

Ils lui dirent que c'en était fait de la religion et *des dieux de l'empire,* si le séducteur Apollinaire ne disparaissait au plus vite d'entre les vivants, tant était de plus en plus grand le nombre de ceux qu'il séduisait chaque jour. Alors l'empereur, pour les calmer, rendit un décret célèbre dont l'abbé Laurent, dans ses *Premiers Convertis,* a traduit le sens en ces termes :

« Soyons patients comme les dieux ! Il n'est pas juste que nous les vengions ; ils peuvent se venger eux-mêmes s'ils sont irrités (2). »

Au retour d'un nouvel exil provoqué par cette dénonciation, le bienheureux Apollinaire

---

(1) Il avait succédé à Galba, Othon et Vitellius en 69, un an seulement après la fin honteuse du cruel Néron.

(2) Non enim justum est ut nos deos vindicemus; sed ipsi ab inimicis suis ulcisci se poterunt, si irascantur. — Bolland., *ibidem.*

tomba de nouveau entre les mains des prêtres païens, ses ennemis acharnés, qui le traînèrent brutalement devant la statue d'Apollon; mais au lieu d'offrir l'encens de l'adoration au faux dieu, il se mit en prières, et l'idole vint tomber à ses pieds, réduite en poussière, à la grande confusion des païens. Traduit pour ce fait devant un juge nommé Démosthène, il fut encore chassé de la ville avec toutes sortes d'outrages. Mais un homme influent nommé Taurus, dont il avait guéri le fils, le cacha dans sa maison de campagne. Il continua d'y exercer les fonctions épiscopales jusqu'à ce que, dénoncé de nouveau, il fût saisi par ses persécuteurs, brisé de coups sur place et laissé pour mort. Les chrétiens accoururent à cette triste nouvelle, et transportèrent le corps du saint martyr, leur vénéré père, dans une maison hospitalière du voisinage, où il vécut encore sept jours, bénissant Dieu de cette dernière épreuve, priant pour ses bourreaux, exhortant ses enfants à rester fermes dans la foi; puis il rendit son âme sainte à son Créateur le 23 juillet de l'an 79, sous l'empire de Vespasien.

Le savant et saint cardinal, Pierre Damien, remarque qu'en toute sa vie saint Apollinaire s'est sacrifié à Jésus-Christ, comme une hostie vivante, par un martyr continuel qui a duré vingt-neuf ans.

La dévotion envers le glorieux martyr de Ravenne ne fit que s'accroître après son dernier combat, et la religieuse vénération qui s'attachait à son nom, aux sixième et septième siècles, était si grande que le pape saint Grégoire Ier, dans sa lettre 33 signalée par les Bollandistes, parle avec éloge de la pieuse coutume du pays des Romagnes « de faire jurer sur le corps de saint Apollinaire, à son tombeau, en confirmation de la vérité, dans les témoignages (1). »

Cette même dévotion, propagée par toute l'Italie et au loin dans les Gaules à la même époque, a porté sainte Clotilde à mettre sous le patronage de saint Apollinaire la basilique qu'elle édifiait aux portes de Dijon.

---

(1) Veniant ante corpus sancti Apollinaris et tacto ejus sepulcro jurent ; quæ consuetudo ante Joannis III, episcopi (Raven^{ti}) tempore fuerat. — Bolland. ad t. V, Com. prævi., n° 15, p. 130.

Elle fit plus encore :

Car elle voulut l'enrichir des reliques du grand saint qui en devenait le patron. Les Bollandistes en ont rendu deux fois témoignage dans leur travail des *Acta Sanctorum*.

1° Au paragraphe IV du commentaire-préface de la vie du saint martyr, n° 37, on lit ce qui suit à propos de ses reliques :

« Nous avons l'histoire manuscrite d'un certain moine de Saint-Bénigne de Dijon sur les miracles accomplis dans une église dédiée à Saint-Apollinaire, bâtie, selon la tradition, par sainte Clotilde; église dans laquelle cette grande reine avait déposé quelques reliques (*aliquas reliquias*) du saint martyr, apportées de Ravenne par ses soins, et rendues mémorables par beaucoup de prodiges (1). »

2° Dans les *Analecta* qui suivent la vie de saint Apollinaire, après avoir rappelé la tradi-

---

(1) Habemus historiam Mss. alicujus monachi sancti Benigni Divionensis super miraculis quæ fiebant in ecclesia sancti Apollinaris extructa, ut ibi fertur, a sancta Clotilde; quæ in ea posuerat *aliquas reliquias* istius sancti, Ravenna allatas, pluribus postea miraculis memorabiles. Boll., ad *ibidem*, p. 335.

tion qui donne les motifs de l'érection d'une basilique à deux milles environ à l'est de Dijon, l'auteur ajoute :

« Bien plus, c'est par les soins de la pieuse reine que le précieux *nantissement* des reliques du saint martyr a été apporté de la ville de Ravenne dans la basilique qu'elle venait d'édifier sous son patronage (1). »

Les Bollandistes ont également célébré, d'après le manuscrit de Fulde, la dévotion de la Bourgogne au glorieux martyr Apollinaire, en disant le concours extraordinaire qui se faisait autour de la châsse qui contenait ses saintes reliques, chaque fois qu'on la portait dans les processions.

C'est ainsi qu'après l'invasion des Hongrois au dixième siècle (2), l'auteur des *Analecta* dit que les saintes reliques furent portées dans une procession d'action de grâces, avec de grands

---

(1) Ejusdem quoque reginæ industria, ab urbe Ravenna præfati martyris reliquiarum delata pignora, atque in eadem basiliqua sunt collocata. — Boll., ad *Analecta*, cap. I, n° 2, p. 353.

(2) *Analecta*, cap. I, n° 7 et 8.

profits temporels et spirituels pour les populations (1).

Ainsi encore que dans une de ces processions de plusieurs jours, comme la foi vigoureuse de nos pères savait les ordonner pendant les calamités publiques, les reliques de saint Apollinaire, et celles des autres saints du *trésor de Dijon*, furent portées à Beaune, avec le concours empressé du clergé, du peuple et des grands de toute la province, pour obtenir du ciel un temps favorable aux biens de la terre (2).

C'est assez pour nous certifier la possession par les bénédictins dijonnais des reliques du martyr saint Apollinaire.

Toutefois, les termes généraux dont se servent les anciens auteurs pour en parler, ne permettent pas de préjuger à quelle partie du corps saint elles correspondent, ni s'il faut les croire de volume considérable.

Le seul argument que l'on puisse faire valoir

---

(1) *Analecta*, cap. II, n° 1.
(2) In pago denique Belnensi... conventus sanctarum factus est reliquiarum, simulque episcoporum et cæterorum totius provinciæ primorum. Ad quem utique contigit sancti martyris reliquias deferri. — *Analecta*, cap. II, n° 13.

en faveur de reliques d'un premier ordre et d'un fort volume, se tire de la qualité du personnage qui en avait fait la demande, sainte Clotilde, la reine des Francs, dont le rôle fut si important à l'époque qui nous occupe.

Par l'érection d'un temple chrétien sur le champ de bataille des Francs vainqueurs, elle venait de faire triompher le vrai Dieu, le Dieu d'Apollinaire, au lieu où son époux avait triomphé de ses ennemis.

Par la conversion du grand Clovis et de la nation franque au christianisme, elle venait d'assurer le plus glorieux triomphe à Jésus-Christ et à son Eglise.

Il n'est pas croyable qu'à sa pieuse requête relativement aux reliques du saint martyr de Ravenne pour sa basilique, on ait répondu par l'envoi d'une simple parcelle.

TABLE

Approbation v
Avant-Propos vii
Préface ix

PREMIÈRE PARTIE.

Chapitre Ier 1

    Le manuscrit du onzième siècle : C'est un moine de l'abbaye Saint-Bénigne de Dijon qui parle. Il a recueilli, sur de vieux manuscrits, par ordre de son Abbé, les faits qu'il publie. Son récit est accompagné de celui de plusieurs miracles dus à la protection de saint Apollinaire.

Chapitre II 21

    Les objections : Celles du père Pinius contre le moine anonyme. Celle qui résulte du récit contradictoire de Courtépée.

Chapitre III 47

    Les motifs du combat : La politique, une querelle de famille. — Portraits de Clotilde et de Gondebaud.

Chapitre IV 57

Le nom primitif du village est *Aquilliaco*. Un puits remarquable et antique est abrité par l'église.

Chapitre V 69

L'église à son état primitif : Elle dépend du monastère Saint-Bénigne de Dijon. Le style, dans sa partie ancienne, est romano-byzantin.

Chapitre VI 83

La Charte du duc Robert : Elle donne les droits de *sauvement* des trois villages qui composent la paroisse de Saint-Apollinaire. — Ce qu'il faut entendre par sauvement et par pitances sérotines.

SECONDE PARTIE.

Chapitre Ier 101

Saint Jean de Réome envoie une colonie de ses moines à Dijon. — Diplôme du roi Clovis. — Règle de saint Macaire, de saint Colomban et de saint Benoît.

Chapitre II 127

Motifs des rares épaves qui restent des dotations de nos rois aux monastères : Procès du prieur de Saint-Apollinaire contre l'abbaye. — Transfert des corps du duc et de la duchesse, et leur station à Saint-Apollinaire. — Siège de Dijon par les Suisses.

CHAPITRE III 151
> La peste à Dijon. — Le château de Saint-Apollinaire. — Le village pendant les troubles de la Ligue et de la Fronde.

CHAPITRE IV 177
> L'intérieur de l'église ; les épreuves des années 1815-1870 ; les fondations.

CHAPITRE V 205
> **VIE ABRÉGÉE DE SAINT APOLLINAIRE**
>
> Son pays d'origine ; s'il fut du nombre des 72 disciples ; sa mission à Ravenne ; ses divers exils ; il est dénoncé à Néron et à Vespasien ; sa mort en l'an 79 ; ses gloires posthumes.

DIJON, IMP. JOBARD.

www.ingramcontent.com/pod-product-compliance
Lightning Source LLC
Chambersburg PA
CBHW070652170426
43200CB00010B/2209